Gonglu Luji Fenzhi Niantu de Dongzhang Texing ji Shuzhi Moni
公路路基粉质黏土的冻胀特性及数值模拟

马宏岩　张　锋　著

冯德成　审

人民交通出版社股份有限公司

北　京

内 容 提 要

冻胀是制约冻土地区基础工程建设的主要因素，是决定路基稳定性和耐久性的关键问题。本书以季节性冻土地区的饱和粉质黏土为研究对象，通过野外调查分析了路基冻胀的影响因素及其对路面的不利影响，并从工程实践中提炼问题，深入挖掘冻胀变形的发展规律和内在机理，将理论与实践充分结合，提出了适用于季节性冻土地区的冻胀预估模型。

本书可供道路工程、岩土工程等专业的研究生和科研人员选用。

图书在版编目(CIP)数据

公路路基粉质黏土的冻胀特性及数值模拟 / 马宏岩，张锋著. — 北京：人民交通出版社股份有限公司，2020.8

ISBN 978-7-114-16130-8

Ⅰ. ①公… Ⅱ. ①马… ②张… Ⅲ. ①公路路基—冻胀—特性②公路路基—冻胀—数值模拟 Ⅳ. ①U418.5

中国版本图书馆 CIP 数据核字(2019)第 295867 号

书　　名：	公路路基粉质黏土的冻胀特性及数值模拟
著 作 者：	马宏岩　张　锋
责任编辑：	刘　倩
责任校对：	席少楠
责任印制：	刘高彤
出版发行：	人民交通出版社股份有限公司
地　　址：	(100011)北京市朝阳区安定门外外馆斜街3号
网　　址：	http://www.ccpcl.com.cn
销售电话：	(010)59757973
总 经 销：	人民交通出版社股份有限公司发行部
经　　销：	各地新华书店
印　　刷：	北京虎彩文化传播有限公司
开　　本：	720×960　1/16
印　　张：	9.5
字　　数：	168 千
版　　次：	2020年8月　第1版
印　　次：	2020年8月　第1次印刷
书　　号：	ISBN 978-7-114-16130-8
定　　价：	60.00 元

(有印刷、装订质量问题的图书由本公司负责调换)

前　言

季节性冻土地区的冻胀问题较为突出。路基冻胀是诱发道路病害的关键，是影响公路稳定性、耐久性和行车舒适度的主要因素。随着"一带一路"宏伟构想的提出，寒区高速公路的建设得到大力推进，以致冻土地区路基的稳定性和耐久性面临新的挑战。因此，有必要针对路基土的冻胀规律和冻胀机理开展深入研究。本书围绕季节性冻土地区路基土的冻胀问题，以提高路基的稳定性和耐久性为目标，对路基土冻胀发展规律和冻胀预估等问题开展研究。

本书由福州大学土木工程学院马宏岩博士和哈尔滨工业大学交通科学与工程学院张锋副教授统稿撰写，由哈尔滨工业大学冯德成教授审稿。全书共分7章，其中，野外调查原始数据由吉林省交通科学研究所提供；哈尔滨工业大学王东升教授参与第1章及第2章的撰写工作；大连理工大学周长俊副教授参与第3章的撰写工作；哈尔滨工业大学易军艳副教授及保利长大海外工程有限公司林波博士参与第4章的撰写工作；福州大学胡昌斌教授及阙云教授、武汉市政设计研究院有限责任公司周志助理工程师及哈尔滨工业大学博士生许勐、陈松强等参与第5章的撰写工作；美国加州大学欧文分校（University of Califonia Irvine）Lizhi Sun教授指导第6章的撰写工作。藉由各位编审人员的大力支持，本书才得以顺利出版，在此一并感谢。

由于笔者水平有限，书中难免存在纰漏和谬误，望各位专家及同仁不吝赐教。

作　者
2020年3月

目 录

第1章 绪论 ··· 1
  1.1 土体冻胀特性研究的目的及意义 ····················· 1
  1.2 国内外研究现状 ··· 2
  1.3 本书主要内容及技术路线 ······························· 13

第2章 季节性冻土地区道路冻害调查 ·············· 18
  2.1 道路冻害调查结果 ·· 18
  2.2 路基冻胀对路面的影响 ·································· 29
  2.3 路基冻胀的影响因素 ···································· 34
  2.4 本章小结 ·· 37

第3章 土体冻胀试验系统的研发 ························ 38
  3.1 冻胀试验系统的设计思想 ······························ 38
  3.2 冻胀试验系统的组成 ···································· 40
  3.3 冻胀试验系统的集成与操作 ·························· 54
  3.4 冻胀试验系统的测试与评价 ·························· 57
  3.5 本章小结 ·· 61

第4章 饱和粉质黏土的季节性冻胀规律 ·········· 62
  4.1 试验概况 ·· 62
  4.2 正冻土的温度分布规律 ·································· 66
  4.3 正冻土的水分重分布规律 ······························ 75
  4.4 土体的冻胀变形规律 ···································· 81
  4.5 本章小结 ·· 90

第5章 饱和粉质黏土的季节性冻胀机制 ·········· 91
  5.1 饱和正冻土冻胀特性的发展规律 ··················· 91

5.2　饱和正冻土冻结速率的发展机制·································· 95
　5.3　饱和正冻土冻胀速率的发展机制·································· 102
　5.4　饱和正冻土冻胀率的发展机制···································· 106
　5.5　饱和粉质黏土冻胀率的经验模型·································· 110
　5.6　本章小结·· 113
第6章　温-湿耦合作用下土体冻胀的数值模型···························· 114
　6.1　土体的冻结过程与基本假设······································ 114
　6.2　土体冻胀温-湿耦合模型的建立··································· 116
　6.3　土体冻胀温-湿耦合模型的验证··································· 122
　6.4　本章小结·· 129
第7章　结论与展望··· 130
　7.1　结论·· 130
　7.2　创新点·· 132
　7.3　展望·· 132
参考文献·· 134

第1章 绪 论

1.1 土体冻胀特性研究的目的及意义

我国是仅次于俄罗斯和加拿大的世界第三冻土大国,冻土分布十分广泛。其中,季节性冻土区约为 $5.14 \times 10^6 \text{km}^2$,占国土面积的 53.5%[1-3],主要分布在东北三省、内蒙古、甘肃和宁夏,新疆、青海及西藏等地也有少量分布[4]。在季节性冻土分布如此广泛的情况下,道路工程建设不可避免地面临诸多技术问题。如路基和路面结构在频繁且反复的冻融循环作用下发生开裂、隆起、松散等病害[5-7],如图 1-1 所示。其中,路基的不均匀冻胀和融沉变形是影响路基承载力、改变路面平整度的典型病害[8-9],严重影响道路的行车安全,制约道路的服务能力和使用寿命[10-12]。

a)翻浆/隆起

b)融沉

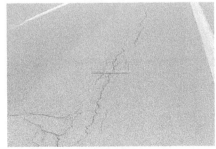
c)纵向裂缝

d)网裂/隆起

图 1-1 季节性冻土地区道路的典型冻害

目前,冰冻地区的公路基于防冻厚度验算进行抗冻设计。然而,满足防冻厚度的公路仍旧面临路基冻胀问题的困扰[13]。研究表明:在季节性冻土地区的基础工程中,路基的不均匀冻胀问题十分普遍,甚至在诸多工程中出现年年治理、年年冻胀的窘境[14-15]。路基冻胀病害的发生直接导致路面平整度的下降和路面整体性的破坏,影响路面承载能力和行驶安全,制约道路的稳定性和耐久性[16]。随着"一带一路"宏伟构想的提出,以及国家重大基础设施建设发展战略的推进,季节性冻土地区的高速公路、高速铁路及民航机场等重大交通设施的建设迎来新的发展机遇和挑战。为此,避免路基冻胀病害的发生是确保基础工程稳定性和耐久性的关键。因此,有必要针对路基土的冻胀规律和冻胀机理开展更深入的研究。

针对季节性冻土地区广泛存在的冻胀问题,需要深入分析土体冻胀变形的发生机制和发展规律,在明确冻胀机理的基础上实现冻胀病害的有效防治。冻结过程中,土体内部的温度分布规律、水分运动规律及冻胀发展规律是揭示土体冻胀机理的关键[17-18]。如何深化应力、温度和水分共同作用下正冻土的温度分布规律和冻胀发展机制,是寒区路基工程中悬而未决的重要科学问题[19-20]。

鉴于此,本书采用现场调查、室内试验、理论分析与数值模拟相结合的方法,针对东北地区典型的公路路基用粉质黏土,着眼于冻结过程中饱和路基粉质黏土冻胀变形的发生与发展机制,关注正冻土的变形、温度和水分的三场耦合效应,研究冻结过程中饱和粉质黏土的温度分布特性与冻胀发展规律,以及正冻饱和粉质黏土的温-湿耦合冻胀模型。通过本书的研究,有利于深入理解路基冻胀的发生机制和变形规律,为冻土地区路基的抗冻设计和稳定性研究提供理论支撑,并推动寒区基础设施的建设和交通岩土科学的发展。

1.2 国内外研究现状

本书的研究内容主要涉及以下三个方面:冻胀试验装置与测试方法、土的冻胀试验与规律和土的冻胀模型。

1.2.1 冻胀试验装置与测试方法

冻胀试验装置应尽可能保证室内试验条件与现场条件相一致,使室内试验中土体冻胀的发生时间和发展规律能够真实反映土体在自然条件下的冻胀机理。

1)美国现行的冻胀试验装置和测试方法

美国材料测试试验标准(ASTM)中有专用于季节性冻土冻胀敏感性评价的标准《土体冻胀及融沉敏感性标准测试方法》(ASTM D5918-13),其中对土体冻胀敏感性的测试装置进行了详细说明,如图1-2[21]所示。ASTM D5918-13中介绍的土体冻胀试验装置采用上端供冷、下端供热的温度荷载施加方式,冷浴装置的控温范围为 -15℃ ~ +15℃,控温精度为 ±0.2℃,冷却液是浓度为50%的乙二醇溶液;试验试件直径146mm、高150mm;试验过程中在试件顶端施加3.5kPa的上覆压力;采用马氏瓶在试件底端实现水分补给;重塑土试件的成型模具为铜质三瓣模,重塑土试件采用分层压实法成型;土体冻胀敏感性测试过程中按照冻结时间分阶段设置不同的上下边界温度(表1-1),实现对土体试件的冻结。

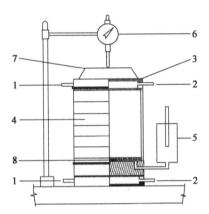

图1-2　ASTM D5918-13中的冻结试验装置[21]
1-冷浴液入口;2-冷浴液出口;3-控温板;4-聚丙烯环;5-补水瓶;6-千分表;7-负重板;8-透水石板

ASTM D5819-13的温度边界设置[21]　　　　表1-1

历时时间段(h)	顶板温度(℃)	底板温度(℃)
0~24	3.0	3.0
24~32	-3.0	3.0
32~48	-12.0	0.0

ASTM D5819-13土体冻胀敏感性试验方法根据土体冻结过程中的冻胀速率评价土体的冻胀敏感性。但由于该试验方法在土体尚未达到最大冻胀变形时即停止试验,无法得到土体在不同试验条件下的冻胀率,具有一定的局限性。

2)加拿大现行的冻胀试验装置和测试方法

加拿大岩土工程建设中采用分凝势评价土体的冻胀敏感性,相应的行业标准为《土体分凝势的确定方法》(LC22-331),其中对分凝势的测试装置进行了详细说明。LC22-331中介绍的土体冻胀试验装置采用上端制冷、下端供热的温度施加方式,冷浴装置的控温范围为 -10℃ ~ +10℃,控温精度为 ±0.05℃,冷却液为乙二醇;试验试件直径100mm、高120mm;采用砝码加压的方式对试件顶端施加上覆压力,具体的上覆压力值可自行调整;采用马氏瓶从试件底端进行水分补给;重塑土试件的成型模具为铜质三瓣模,并采用分层击实法成型;按照试验设计设置不同的上下边界温度,实现对土体试件的冻结,冻结时长限定在24~48h[22]。

LC22-331土体分凝势测试方法忽视了冷端温度较高情况下土体在48h内无法达到冻结平衡状态的问题[23],因此,无法得到土体在特定试验条件下所能达到的最大冻胀率。此外,分层击实成型法不适用于三瓣模,击实过程中土颗粒容易嵌挤到三瓣模模具的接口处,增大脱模难度。故LC22-331土体分凝势测试装置和方法也存在不足,需加以改进。

3)日本现行的冻胀试验装置和测试方法

日本现行的《土体冻胀敏感性测试方法》(JGS 0172—2003)中明确给出土体冻胀敏感性的测试方法,其中对冻胀试验装置进行了详细说明,其冻结试验装置如图1-3所示。

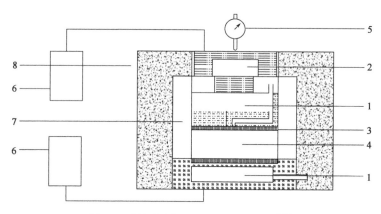

图1-3 冻结试验装置(JGS 0172—2003)[24]

1-控温板;2-负重;3-透水石板;4-试件;5-千分表;6-制冷机;7-聚丙烯环;8-保温板

JGS 0172—2003中介绍的土体冻胀试验装置采用下端制冷、上端供热的温度施加方式,冷浴装置的控温范围为-10℃~0℃,控温精度为±0.1℃,对冷却液没有明确要求;试验试件直径100mm、高50mm,试件顶端施加的上覆压力需小于100kPa;采用马氏瓶从试件顶端进行水分补给;重塑土的成型模具为有机玻璃筒模,采用分层击实法成型;按照试验设计设置不同的上下边界温度(-10℃~0℃)实现对土体试件的冻结,当冻结锋面抵达试件顶端时完成试验[24]。

JGS 0172—2003中土体冻胀试验装置的控温范围和上覆压力容许值范围较小,可供选择的试验工况受到限制。此外,试验试件高度偏小,冻结过程的持续时间相对较短,对水分迁移和水分重分布特性的表征不够明显。

4)俄罗斯现行的冻胀试验装置和测试方法

俄罗斯现行的《人工冻土冻胀率及冻胀力测试方法》(CCCP No.746033)中对土体冻胀试验装置进行了详细介绍。其冻胀试验装置如图1-4所示。该装置也采用上端制冷、下端绝热的温度荷载施加方式,装置的制冷端放置于负温箱体内,负温箱体的控温范围为 -5℃ ~0℃,控温精度为 ±0.2℃;试验试件直径100mm、高150mm ±5mm,试件顶端可以施加 0~50kPa 的上覆压力;采用连通装置从试件底端进行水分补给;重塑土的成型模具为钢质筒模,采用分层击实法成型;试件上端边界温度设置为 -4℃ ±0.2℃,当试件下端温度达到0℃时完成试验[25]。

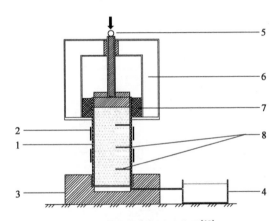

图1-4 俄罗斯冻胀试验装置[25]

1-套缸;2-环圈;3-底盘;4-补水水槽;5-压力压头;6-冷冻箱体;7-绝热垫;8-温度传感器

CCCP No.746033 中土体冻胀试验装置只适用于 -5℃ 以上的试验,无法实现大温度梯度、低冷端温度的冻胀试验;且容许上覆压力范围较小,可试验工况有限。

5)我国的冻胀试验装置和测试方法

我国《人工冻土物理力学性能试验 第2部分:土壤冻胀试验方法》(MT/T 593.2—2011)给出了人工冻土冻胀率和冻胀力测试方法,其中介绍了人工冻土冻胀试验装置及试验方法。MT/T 593.2—2011 规定土体冻胀试验装置采用上端制冷、下端恒温的温度施加方式,冷浴装置的控温范围为 -15℃ ~0℃,控温精度为0.2℃;试验试件直径为 50~150mm、高 25~75mm,高径比为0.5;试件顶端不施加上覆压力;采用马氏瓶从试件底端进行水分补给;重塑土的成型模具为钢质筒模,采用分层击实法成型;当试件底端温度达到负温荷载时,完成冻胀试验[26]。MT/T 593.2—2011 中存在诸多不足:首先,忽略了上覆压力对土体冻胀发展的影响;其次,制冷端的控温范围较小,不适合高寒地区;再次,在实际试验过程中,由于试件底端与环境温度间存在热量交换,一般不会达到负温状态,所以试验的停止条件很难控制。

《土工试验方法标准》(GB/T 50123—2019)给出了"冻胀量试验方法",其中介绍了适用于原状土和扰动黏土的冻胀量试验装置和试验方法。GB/T 50123—2019 规定土体冻胀试验装置采用下端制冷、上端供热的温度荷载施加方式,冷浴装置的控温范围为 −20℃ ~ 0℃;试验试件直径为 100mm、高 50mm;试件顶端通过砝码加载施加上覆压力,加载等级根据天然受压状态确定;采用马氏瓶从试件顶端进行水分补给;重塑土的成型模具为有机玻璃筒模,采用静压法成型;冻胀试验中冷端温度固定为 −15℃,冻结 72h 后完成试验[27]。试验装置如图 1-5 所示。

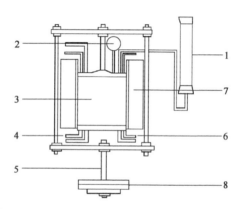

图 1-5 我国土工试验方法标准中的冻胀试验装置[27]
1-供水装置;2-位移计;3-试件;4-循环液进口;5-加压装置;6-循环液出口;7-保温材料;8-砝码

GB/T 50123—2019 存在诸多局限性:首先,下端制冷的荷载方式与实际冻结状态不同;其次,从试件顶端进行补水带入了重力对渗流作用的影响,与实际工况不符;然后,试件高度偏小,冻结持续时间相对较短,不利于水分重分布现象的观测;最后,在有机玻璃筒内成型并直接冻结的土体与有机玻璃筒壁间存在内应力,侧向约束的改变影响土体冻胀变形的增长。

北京交通大学陈立宏等开发了一种双室冻土体积冻胀率测定仪,该测定仪将土体试件放于试样管内一同置于冷却液循环箱内,对土体试件上表面和侧面同时进行冻结[28]。冻胀试验装置如图 1-6 所示。

吉林省交通科学研究所陈志国等研发了一种土质冻胀率测定仪,该测定仪由底部的制冷室将冷量通过导温板传递给上部的土体试件,温度加载方式为上端绝热、下端制冷[29]。试验装置如图 1-7 所示。

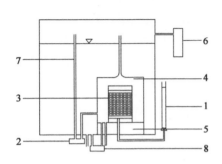
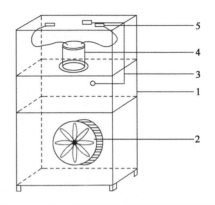

图 1-6 北京交通大学开发的冻胀试验装置[28]
1-补水管;2-压差传感器;3-试件;4-试验管;
5-隔温底座;6-气泵;7-参考水管;8-冷浴

图 1-7 吉林省交通科学研究所发明的冻胀试验装置[29]
1-试验箱;2-制冷机;3-导温管;4-试样模具;
5-位移传感器

同济大学康宜群等发明了一种量测人工冻融土冻胀力与冻胀量的试验装置[30]。该装置包括底板、土样腔、顶盖、支架、土样盖板、补水连接管、冷冻液腔、测力计、反力架等,如图 1-8 所示。该装置可以模拟多种土质的土体在不同冻结温度下的冻融过程,研究土体在单向冻结条件下的冻胀规律。

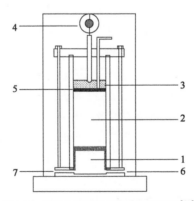

图 1-8 同济大学发明的冻胀试验装置[30]
1-冷冻液腔;2-土样腔;3-金属盖板;4-测力计;5-透水石;6-冷冻液流入通孔;7-冷冻液流出通孔

综上所述,目前国内外学者和机构在冻胀试验装置和测试方法方面取得了非常多的成果,现有的试验装置可以很好地完成土体的室内冻胀试验。但为了更深入地研究土体的冻胀特性,需要对土体冻结过程中的温度分布、变形发展以及渗流等物理过程进行更细致的监测。因此,有必要对冻胀装置进行改进,结合先进的监测技术和观测手段实现试验装置测试能力和测试精度的全新升级。鉴于此,土体冻胀试验装置应从温度加载方式、控温能力、上覆荷载范围、水分补给方式等方面提高室内冻胀试验与现场冻胀过程的相似性,以保证室内冻胀试验的测试结果更接近土体的冻胀特性[31]。

1.2.2 土的冻胀试验与规律

土的冻结过程是一个复杂的多物理场相互作用过程,冻胀试验是研究土体冻结过程中冻胀变形的萌生和发展规律最有效的方法之一,前人在这方面的研究工作中积累了丰富的研究经验和科技成果。

近年来,考虑温度、荷载、水分以及土的物理性质的影响,众多学者从宏观尺度入手深入开展了各类土的冻胀特性研究。Guthrie 和 Hermansson 通过变水头冻胀试验得到了粉质砂土在冻结过程中的冻胀变形和水分迁移规律[32-34]。汪双杰、黄晓明等研究了荷载和自重作用下,存在融化夹层的路基土的变形特性[35]。于琳琳对人工冻土的冻胀特性进行了系统的试验研究,积累了大量的冻胀试验数据[36]。Darrow 等基于自主开发的细粒土冻胀试验测试系统,通过试验证实黏土含量是影响冻胀变形的最敏感因素,直接决定冻胀率的大小[37]。刘兵对原状土及重塑粉质黏土进行了正冻、正融条件下的水分迁移试验研究,结果表明,冷端温度越低、初始含水率越大,土体内部的水分积聚现象越显著,水分积聚层的含水率越大;并指出土体冻结过程中水分的迁移包括液态水渗流和气态水扩散两个部分[38]。Zuo 和 Boley 通过开展室内细粒土开放系统的冻融循环试验发现,由于冰透镜体的存在,冻融循环后土体的固结曲线与正常固结曲线不同[39]。Bing 等通过多次冻融循环试验得到了粉质黏土冻胀变形和干密度的演化规律[40]。田亚护和刘建坤等研究了荷载类型对细粒土冻胀变形的影响,指出静荷载和动荷载对土体的冻胀都有抑制作用[41]。吴礼周等在 0.1℃/h 的降温速率下,利用有机玻璃环刀和低温冷浴循环系统及恒温箱等设备,研究了黏土冻结过程中初始含水率对冻结锋面的影响[42]。周金生等在 -26℃、-22℃、-18℃ 三个冷端温度及 12℃ 的暖端温度下,研究了开放系统、无外荷载作用下粉质黏土的冻胀过程,指出温度梯度越大,冰透镜体出现的时间越早[43]。胡坤等通过试验手段从土体含水率、补水率、冻胀量、冻胀速率、冻胀力等方面,评价了约束条件对冻敏土冻胀行为的影响[44]。韩春鹏对不同掺量下的石灰处治土进行了室内冻胀试验研究,结果表明,在相同含水率情况下,石灰掺量越大,土体的冻胀率越小,说明石灰的掺加在一定程度上抑制了冻胀的生长[45]。Zhou 等通过室内试验测试粉质黏土在补水、无上覆压力条件下连续冻胀和阶段冻胀的发展规律,结果表明,间断冻结的冻胀量仅为连续冻结的 48.8%[46]。Azmatch 等利用时域反射仪(TDR)监测了土体的未冻水含量,建立了表征未冻水含量随基质吸力变化的土体冻结特性曲线(SFCC)[47]。严晗等通过一维有压冻融装置监测了冻融循环(−3.5℃ ~ +5.0℃)过程中粉质砂土的冻胀和融沉发展特性[48]。Zhou 等基于室内饱和土冻胀试验研究,研究了冻结速率、温度梯度、土样高度和上覆压力对冻胀过程的影响,并详细分析了冻结后土样中水分重分布特性及冰透镜体形态,建立了瞬态冻胀速率与比冻结速率的幂指数关系模型[49]。Wang 等改变补水方式测试细粒土含量对冻胀的影响,结果表明,将细粒土含量控制为 9% 时,可以提高粗粒土的压实效率,有效控制冻胀变形的产生[50]。Lai 等利用一维冻融循环设备测试不同的冷端温度、暖端温度、上覆压力作用下青藏粉质黏土的冻胀发展规律,研究了饱和冻结粉质黏土的水-热-力相互作用过程[51-52]。袁俊平等研究指出土体的冻胀特性依赖于临界孔隙度,当孔隙度小于临界值时,冻胀变形与孔隙度成正比;当孔隙度大于临界值时,冻胀变形与孔隙度成反比[53]。

然而,从微观尺度而言,土力学创始人 Terzaghi 于 1925 年率先指出土体具有蜂窝状结构。随后土壤学家 Kubiena 建立了"土壤微形态学",将显微技术应用到土壤结构的研究领域[54]。凌建明等研究了加载条件下岩石细观裂纹的形式、发展及其损伤效应[55]。土体冻结过程中会出现显著的水分重分布和相变作用,冻土内部的结构和组分随之改变,进而影响冻土的材料属性。赵安平通过扫描电镜技术证明,重塑土冻结后的孔隙度比冻结前稍有增大,冻结后土体孔隙的连通性变好[56]。李杰林等利用核磁共振技术实时监测了岩石冻结过程中内部微观结构的改变[57]。刘慧利用 X-Ray CT 扫描得到岩石在冻结过程中内部细观结构随温度的变化规律[58]。蔡承政等指出,岩石的损伤主要表现为微孔隙的增加和孔隙尺寸的增大[59]。

综上所述,土体的室内冻胀试验仍旧是研究土体冻胀发展规律和冻胀机理最重要也是最直接有效的手段。土体冻结过程中的温度分布特性、冻胀发展规律以及水分重分布情况是反映土体冻胀机理的重要指标。土体冻结过程中,随着冻结作用的持续发展,土体内的温度、变形和渗流作用所表现出的规律是分析冻胀发生机制和发展规律的基础。然而,目前在复杂的温度、压力、渗流等诸多影响因素耦合作用的前提下,国内外学者尚未开展系统的、综合考虑应力状态、温度条件和补水状况的土体冻胀试验研究。因此,有必要在前人研究成果的基础上,开展系统的、综合考虑应力状态、温度条件和补水条件的土体室内冻胀试验研究。

1.2.3 土的冻胀模型

材料特性和外界荷载的不同决定了不同土体具有不同的冻胀特性,冻胀特性的研究是探寻冻胀机理、分析冻胀规律的关键。现有的冻胀模型大致可划分为两类:一是侧重描述冰透镜体生长的模型[60],如分凝势模型、刚性冰模型、Gilpin 模型、离散透镜体模型等;二是侧重描述多物理场耦合的模型[61-62],如热力学模型、水-热耦合模型、水-热-力耦合模型等。

透镜体生长模型的研究始于 Takagi[63]提出的分凝冻结理论。Gilpin 假设冰水相变潜热的释放发生在冰透镜体生长点,建立了冰透镜体生长和冻胀率预估的理论模型[64]。Konrad 和 Morgenstern[65-67]基于细粒土的分凝势理论和冰透镜体形成规律,使用分凝冻结温度预估了冰透镜体的生长。O'Neill 和 Miller[68]基于冻结缘理论提出了孔隙冰以复冰形式运动的刚性冰模型。Neaupane[69]和 Yamabe 等[70]基于弹塑性本构关系、莫尔库仑屈服准则、傅立叶定律及达西定律建立了冻结和融化过程中岩石特性的水-热-力耦合模型,经验证,该模型的预估结果与实测值十分吻合。Rempel 等基于热动力学浮力流理论提出了冰水相变界面预融概念[71],Rempel 等认为冰水界面间的热分子力是推动孔隙冰移动并促使冻胀发生和水分重分布的主要因素[72],上述理论称为预融膜(Premelted film)理论。曹宏章修正了孔隙水迁移驱动势和分凝冰判据,提出了适用于饱和颗粒土的一维冰分凝预估模型[73]。于基宁等指出相变温度是冰透镜体形成的必要条件,提出新的冻胀量计算方法[74]。陈志国等由试验数据回归得到大地冻深预估公式,并改进了公路冻深计算方法和路面抗冻设计方法[75]。Bronfenbrener 等基于第二冻胀理论和相变效应,提出了适用于细粒土的广义冻胀预估模型[76-78]。Missoum 等在考虑液体动力黏度、气体等对温度和温度梯度的依赖效应及非线性解的前提下,建立了水-热-力全耦合数值模型;该模型通过 Galerkin 加权法计算非线性解,并准确预估了非饱和膨胀土的膨胀行为[79]。王文华基于神经网络理论建立了用于预估碳酸盐渍土冻胀特性的预估模型[80]。Azmatch 等指出冰透镜体的产生是由于冻结缘内出现开裂导致的,并根据土壤冻结特性曲线定义了 Ice-entry 值,提出了判断冰透镜体生成的新方法[81]。Groenevelt 和 Grant 基于分凝势理论和冻胀率概念提出了冻胀统一理论,该理论指出整个负温区域(已冻区和冻结缘)的温度梯度对冻胀有直接影响[82]。Sheng 等开发了用于计算土体冻胀量和冻结深度的 PCHeave 程序,该程序可以准确预估冰透镜体的产生和分布,并可用于评价土体的冻胀敏感性[83]。Zhou 和 Meschke 将冻胀变形引入到预融热动力学参数内,建立了用于描述正冻土热力行为的水-热-力耦合模型[84]。

  土体冻胀是一个复杂的多物理场耦合过程。Harlan 提出的水-热耦合模型为正冻土多场耦合作用的研究开创了新的局面[85]。邝文山针对季节性冻土地区的路面防冻层设计开展了深入研究,基于传热学理论和层状弹性体系,建立了土基允许冻深计算公式和路面防冻厚度设计模型[86-87]。近年来,随着数值方法和计算能力的发展,冻土的多物理场耦合研究得到了飞速的发展。Rutqvist 等建立了四种水-热-力耦合模型,用于预估岩石热固结过程中的热力交换和湿度迁移,并通过试验验证有限元模型的预测结果是可靠的[88-89]。毛雪松等基于弹性理论提出了适用于多年冻土地区的路基冻胀水-热-力耦合计算模型[90-91]。李宁等开发了考虑正冻土骨架、冰、水三相介质水-热-力-变形耦合作用的分析系统3G2001,并基于数值分析结果将冻胀变形的发展过程划分为剧烈冻胀阶段、冻胀持续稳定阶段、剧烈融沉阶段和融沉持续稳定阶段四个阶段,揭示了冻土冻胀融沉的热力学内在机制[92-93]。Exadaktylos 在假设冻结和融化过程满足热动力学可逆的基础上,提出了饱和多孔介质正冻和正融模型;由于该模型只适用于岩石和混凝土,无法预估冻胀和融沉变形[94]。Seetharam 等采用数值方法建立了非饱和土的温度—湿度—化学—力学耦合模型[95]。毛雪松等考虑水分转化为冰的相变作用对土体瞬时变形和蠕变变形的影响,证明相变作用是引起路基发生冻胀病害的直接因素,并指出分析路基应力与变形的分布规律是研究多年冻土路基破坏机理的有效方法[96]。韩天一等在刚性冰假定和水动力学模型的基础上,基于弹性理论和数值方法研究了正冻土的多物理场分布规律[97-98]。Shoop 等建立了临界状态修正的 Drucker-Prager 塑性模型,用于描述正融土的力学行为,但该模型忽视了土体正冻和正融过程中的相变问题[99]。李学军用水分运动基本方程和热流运动基本方程建立了渠基冻融水热耦合运移数学模型,采用混合型 Richards 方程对冻结过程中渠基非饱和土壤水分运移进行了数值模拟,研究了大型 U 形混凝土衬砌渠道在季节性冻融作用下的冻深、地温、含水率、冻胀量、冻胀应力等参数之间的相互关系,建立了大型 U 形混凝土衬砌渠道冻深和冻胀量预测模型[17]。Nishimura 等建立了考虑饱和土的冻结和融化过程的水-热-力完全耦合的有限元理论框架[100]。周扬等采用水热耦合理论,建立了一维冻结条件下水分场、温度场及冻胀演变的预估模型[101-102]。Thomas 等在综合考虑热传导、热交换、相变作用和水分迁移效应的基础上,建立了适用于季节性冻土和永久冻土的水-热-力耦合模型,并采用瞬态有限元方法对其进行求解,有效地模拟了土体的冻结和冰分凝过程[103-105]。Qin 等针对非饱和土的多孔多相特性,从土的组成出发,将土颗粒、液态水、水蒸气、干空气和溶气进行数学表征,采用混合物理论建立了含有 6 个未知数 6 个方程的非饱和土的水-热-力耦合模型;基于该模型分析了非饱和土的水-热-力耦合行为,并通过试验比对验证了基于混合理论的非饱和土的水-热-力耦合模型的有效性[106]。Dumont 等将毛细水应力引入到有效应力的概念内,通过微观结构内的范德华力计算毛细水应力,建立了非饱和土的水-热-力耦合模型,该模型考虑了热作用下土体的软化和去饱和作用[107]。胡坤在水-热耦合分离冰冻胀模型的基础上,建立了一维冻结分凝冰冻胀模型,揭示了土体冻结过程中的孔隙变化机理[108]。Zhou 等通过 Clapeyron 方程表征土体冻结过程中的相平衡,并基于 COMSOL 数值分析平台对正冻饱和土进行了水-热-力耦合效应分析[109]。Tao 等假设被甲烷饱和的煤矿满足各向均匀同性的特点,建立了描述燃煤矿石内甲烷运移规律的水-热-力耦合模型[110]。李东庆等在考虑基质势、压力势与温度的相互关系的基础上,建立了水-热-力三场耦合数学模型[111]。Kang 等建立了岩石冻结和融化过程的水-热-力耦合模型,用以模拟地下低温储气库的工作状况[112]。Zheng 和 Kanie 等基于 Takashi 方程通过试验得到土体的冻胀率,进一步采用数值有限元方法建立了水-热-力耦合作用下的一维冻胀模型[113-114]。在 Zhang 等[115-116]、Michalowski 等[117-118]和 Zhu 等[119]以及 Kim[120]研究的基础上,采用孔隙度变化速率方程描述正冻土中冰晶的生长过程,并基于有限元分析方法建立了可以有效预估冻胀变形的数值模型。李东庆等在冻土的水-热-力三场耦合模型中考虑了基质势和压力势与温度的关系,将耦合问题归结为求解一个非线性、非稳态温度场微分方程的问题,使土体冻结过程中的含水率、应力及蠕变变形可在温度求解以后算出[121]。

土体的冻胀变形是影响工程稳定性和耐久性的关键因素,是冻胀病害中最直接的破坏指标。目前,针对冻胀变形的预估已经积累了一定的研究基础,并取得了丰富的成果,特别是在多场耦合的数值模拟方面。然而,由于对土体冻胀机理的认识尚不深入,正冻土物理参数的动态表征尚不准确,以致数值模拟结果不够理想。此外,目前现有的冻胀预估模型存在一个共性问题,即无法直接得到土体在特性条件下所能产生的最大冻胀变形。鉴于此,有必要考虑正冻土参数(如渗透系数、导热系数[122-123]等)随冻结发展的变化,并将其引入多场耦合模型中,构建基于水-热-力耦合效应的饱和粉质黏土单向冻结条件下的冻胀预估模型。

1.3 本书主要内容及技术路线

1.3.1 主要内容

本书主要针对季节性冻土地区路基工程在抗冻设计和冻害防治方面的理论需求和技术欠缺，着眼于冻结过程中土体冻胀变形的发生机制与发展规律，在充分调研东北地区道路冻害的基础上，以东北地区常见的粉质黏土为研究对象，采用室内试验、理论分析和数值模拟相结合的手段，对以下四个问题开展研究，深入分析单向冻结条件下饱和粉质黏土的冻胀规律及发展机制。

1) 季节性冻土地区道路冻害的调查与分析

着眼于季节性冻土地区广泛存在的道路冻胀问题，针对东北地区典型的沥青路面道路，开展了道路冻害的现场调查；结合现场调查结果，采用定性分析、数值计算及力学经验法预估相结合的方法，分析路基冻胀对路面的危害，阐明路基冻胀对道路稳定性和耐久性的影响；最后，分析路基冻胀的影响因素。

(1) 季节性冻土地区，路基的冻胀和路面的冻害问题极为突出，路基冻胀和路面的开裂、坑槽等病害相伴相生。冻胀、开裂以及融沉等病害广泛存在于挖方、低填方及半填半挖路段；路基的填挖高度和地下水水位直接影响路基冻害的分布。

(2) 路基冻胀的发生直接导致路面平整度的下降和路面整体性的破坏，影响路面抗滑能力和行车舒适性，降低路面的承载能力，加剧地表水的积聚和渗入，改变路面的应力状态，缩短路面使用寿命，危害道路的稳定性和耐久性。

(3) 路基冻胀变形的发展与环境荷载和土体参数直接相关。其中，温度荷载和水分补给是路基冻胀的必要条件，土质类型、细粒含量、压实度、上覆压力、路面材料以及结构厚度等参数是影响冻胀发展的关键因素。

(4) 冻胀是影响道路服务能力和使用寿命的关键问题，冻胀变化的避免和冻胀变形的控制是解决季节性冻土地区路基冻胀问题的关键。开展土体在单向冻结条件下的冻胀发展规律和冻胀机理研究具有重要意义。

2) 土体冻胀试验系统的研发

为了系统研究并分析土体冻结过程中的温度分布特性、冻胀发展规律及含水率分布情况，需要在试验室内进行土体冻胀过程模拟试验。基于季节性冻土冻胀过程的基本特征，在充分考虑应力状态、温度荷载和补水条件对正冻土的温度、变形和渗流的影响的基础上,自主设计、研发一套室内土体冻胀试验系统。

(1)冻胀试验系统的系统设计。首先,基于季节性冻土地区土体冻结过程的外在表现和冻结规律,确定土体室内冻胀试验的基本要求;并针对具体的要求确定相应的解决方案;然后,对土体室内冻胀试验系统的组成部分和控制关系进行详细设计,确定冻胀试验系统的各个子系统及其响应关系。

(2)冻胀试验系统子系统的设计。在冻胀试验系统系统设计的基础上,依次对试验台、控温系统、绝热装置、补水系统及加载系统的部分构件进行详细的工业设计和机械加工;同时,合理选购数据采集系统和气动加载装置。

(3)冻胀试验系统的集成与操作。在完成各子系统研发的基础上,将各子系统按照系统设计中的响应关系集成为一个完成的试验系统;进一步制定土体室内冻胀试验系统的操作方法和工作流程。

(4)冻胀试验系统的测试与评价。在土体冻胀试验系统投入使用前,通过若干组单向冻结条件下粉质黏土的冻胀试验对系统的稳定性进行测试;并通过重复相同工况的土体冻胀试验评价土体冻胀试验系统的复现性。

3)季节性冻土地区饱和粉质黏土冻胀的试验规律

针对东北地区路基常用的粉质黏土,开展不同压实度、冷端温度、暖端温度、上覆压力和补水条件作用下饱和粉质黏土的室内冻胀试验研究。进而,基于室内冻胀试验结果,分析土体冻结过程中的温度分布特性、冻胀发展规律,以及冻结后土体内部的水分重分布情况。

(1)材料参数测试及冻胀试验设计。首先,测试试验用粉质黏土的各项物理参数,包括密度、塑性指数、粒度及最佳含水率等;然后,针对试验目标,按照不同压实度、不同冷端温度、不同暖端温度、不同上覆压力和不同补水条件进行试验设计,制定饱和粉质黏土室内冻胀试验的试验方案。

(2)正冻土温度分布特性的分析。首先,基于室内冻胀试验测试结果,分析土体冻结过程中土体试件不同位置处温度随时间的发展情况,并推算出土体冻结过程中冻结锋面和冻结深度随实际的发展情况;其次,分析不同试验条件下、不同时刻的土体不同深度处的温度分布规律;最后,依次分析补水条件、压实度、冷端温度及上覆压力对正冻土温度分布特性的影响效应。

(3)冻土的水分重分布的研究。首先,基于室内土体冻胀试验,测试冻结后土体试件不同深度处的质量含水率;其次,分析土体冻结后的水分重分布规律,并分析冷端温度和压实度对水分重分布的影响效应;最后,基于含水率测试结果,分析冻结后土体内部孔隙的分布规律。

(4)正冻土冻胀变形发展规律的分析。首先,基于室内冻胀试验测试结果,分析冻胀变形随时间的变形情况,并比较不同试验条件下冻结温度时间的差别;其次,比对不同试验条件下,最大冻胀变形和冻胀率的大小;最后,依次分析补水条件、冷端温度、压实度以及上覆压力对土体冻胀发展、最大冻胀变形及冻胀率的影响效应,评价土体冻胀敏感性的影响因素。

4)季节性冻土地区饱和粉质黏土冻胀的发展机制

为了揭示土体的冻胀发展规律和冻胀机理,需要深入分析土体冻结过程中温度梯度、冻结速率及冻胀速率等瞬时状态参量的关系。进而,基于饱和粉质黏土室内冻胀试验研究,在综合考虑温度-渗流-变形耦合的基础上,建立饱和粉质黏土的冻胀特性回归模型。此外,基于土体冻胀特性回归关系的建立,提出稳态条件下饱和粉质黏土冻胀率的经验模型。

(1)冻结速率与温度梯度回归关系的建立。首先,基于冻胀试验测试结果,分析土体冻结过程中冻结速率与温度梯度随冻结时间的发展规律;其次,将各时间点的冻结速率和温度梯度进行组合,得到冻结速率随温度梯度的变化规律;进而,对瞬时冻结速率和瞬时温度梯度进行统计回归,得到两者的回归关系。

(2)冻胀速率与温度梯度回归关系的建立。首先,基于冻胀试验测试结果,分析土体冻结过程中冻胀速率与温度梯度随冻结时间的发展规律;其次,将各时间点的冻胀速率和温度梯度进行组合,得到冻胀速率随温度梯度的变化规律;最后,对瞬时冻胀速率和瞬时温度梯度进行统计回归,得到两者的回归关系。

(3)冻胀率与温度梯度回归关系的建立。首先,基于冻胀试验测试结果,分析土体冻结过程中冻胀率与温度梯度随冻结时间的发展规律。然后,将各时间点的冻胀率和温度梯度进行组合,得到冻胀率随温度梯度的变化规律。进而,对瞬时冻胀率和瞬时温度梯度进行统计回归,得到两者的回归关系。

(4)饱和粉质黏土冻胀率经验模型的建立。基于饱和粉质黏土冻胀试验结果,结合冻结速率与温度梯度的回归关系,用温度梯度替换冻结速率对冻胀率的影响,并引入冷端温度和压实度参数修正 Takashi 模型,建立冻胀率经验模型。

5)温-湿耦合作用下饱和粉质黏土冻胀的数值模拟

饱和粉质黏土冻结过程的数值模拟是预测土体冻结过程中温度分布特性和冻胀变形的重要途径之一。结合室内土体冻胀试验研究结果,基于多孔介质传热理论、孔隙水渗流理论和材料的应力-应变关系,通过耦合含相变的非稳态温度控制方程、水分迁移控制方程和应力-应变关系,建立土体冻结过程的温-湿耦合数值模型,对土体的冻结过程进行数值仿真。

(1) 土体冻结过程中温-湿耦合模型的建立。基于多孔介质传热理论、能量守恒定律、质量守恒定律、达西渗流定律及材料的应力-应变关系,在考虑冰水相变对温度场影响的基础上,建立饱和土冻结过程的温-湿耦合数值模型。

(2) 温度场计算结果的验证。基于温-湿耦合数值模型,依次计算不同工况下土体冻结过程中温度场的分布特性。进而,将计算结果与实测结果进行比对,验证数值模型温度场计算结果的可靠性。最后,计算各时间步的瞬态冻结速率和温度梯度,并将计算结果与实测结果进行比对,评价数值模型的有效性。基于数值分析的正冻土温-湿耦合模型可以预估土体冻结过程中的温度分布特征和冻胀发展规律。该模型基于多孔介质传热理论、孔隙水渗流理论和材料的应力-应变关系,通过耦合含相变的非稳态温度控制方程、水分迁移控制方程和应力-应变关系式,实现对正冻土的传热、渗流和变形问题的模拟。

(3) 冻胀变形计算结果的验证。首先,在得到新的渗透系数预估模型的基础上,建立单向冻结条件下的饱和粉质黏土温度分布特性和冻胀变形发展的数值预估模型。进而,对上述模型进行试验结果验证和预估效果评价。正冻土温-湿耦合模型对最大冻胀变形和冻胀率的预估结果较准确,对冻胀速率的预估略有不足。通过比对不同试验条件下冻胀变形随时间的发展情况及达到冻结稳定状态时的冻胀率,验证该模型对冻胀特性计算结果的可靠性。结果表明,最大冻胀变形和稳态冻胀率的预估结果与实测结果基本吻合,预估精度较高;冻胀发展阶段冻胀速率的预估结果与实测结果略有偏差。

1.3.2　技术路线

立足于东北地区路基工程的建设需求,以粉质黏土为研究对象,采用室内试验、理论分析与数值计算相结合的技术手段,开展路基冻胀病害的现场调查、土体冻胀试验系统的研发、饱和粉质黏土冻胀规律的研究、饱和粉质黏土冻胀变形机制的分析以及饱和土冻胀率预估模型的建立、温-湿耦合作用下正冻土冻胀变形的数值分析等五个方面工作,以揭示正冻饱和粉质黏土的温度分布特性和冻胀变形发展机制。本书研究工作的主要技术路线如图 1-9 所示。

第1章 绪 论

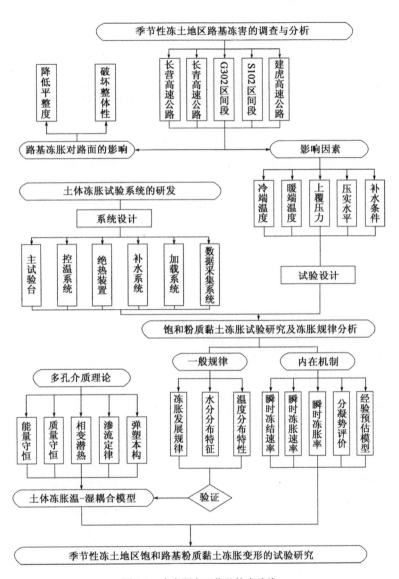

图1-9 本书研究工作的技术路线

第 2 章 季节性冻土地区道路冻害调查

路基和路面是道路的重要组成部分,隶属一个完整的系统,共同实现道路的稳定性和耐久性。路基和路面使用性能的好坏是相互影响、相互制约的。路基的稳定性和耐久性不足时,无法为路面结构提供稳固支撑,导致路面发生坑槽、开裂、隆起等病害;相反,如果路面的稳定性和耐久性不足,不仅会增大路基表面的荷载使路基发生强度破坏,同时会加剧地表水的渗入引起路基强度的衰减乃至冻胀、融沉等病害的发生。

在季节性冻土地区,大气温度的频繁升降导致路基路面经受反复的冻融作用,进而引发一系列的道路冻害。在我国东北地区,常见的道路冻害有:路基的冻胀、融沉,路面的横向开裂、纵向开裂、冻鼓、坑槽、松散等。本章立足于路基路面系统设计理念,针对路基冻胀和路面冻害的交互作用,开展季节性冻土地区道路冻害的现场调查;进一步,基于现场调查结果,分析路基冻胀对路面的影响以及道路冻害的诱因;最后,采用定性分析和力学经验法相结合的手段,分析季节性冻土地区路基冻胀变形的影响因素。

2.1 道路冻害调查结果

针对季节性冻土地区道路冻害的频繁发生和广泛分布特征,对东北地区的长春至营城子(长营)高速公路、长春至吉林(长吉)高速公路、G302 蛟河至黄松甸段、吉林省省道 S102 大蒲柴至桦甸段以及建三江至虎林(建虎)高速公路五条典型的沥青路面公路进行道路冻害的现场调查。

2.1.1 长营高速公路

长营高速公路位于吉林省境内,竣工于 1997 年 8 月 31 日,公路里程 68.735km;设计速度 100km/h,为双向四车道沥青路面高速公路;路基宽度为 24.5m,中央分隔带宽度为 2.0m,行车道宽度为 15.0m,路缘带宽度为 0.5m,硬路肩宽度为 2.0m,土路肩宽度为 0.75m;设计标准荷载为 BZZ-100kN,桥涵的洪水设计频率为 1%[124]。

长营高速公路的路基多为半填半挖和零填低挖形式,路基填方和挖方的边坡坡率均为1:1.5。路基填方坡脚设置大于2.0m宽的护坡道,护坡道顶面设置3%的外向横坡,并在护坡道外侧设置梯形边沟。路基挖方坡脚设置宽度为2.0m的碎落台,挖方路段的中央分隔带下部埋设80cm×50cm的矩形盲沟[125]。

长营高速公路在路基施工阶段已发生纵向开裂,为此对路基土进行换填,并加设渗沟辅助路基的排水,但通车后沥青路面仍旧出现了大量的纵向裂缝。2009年春,对长营高速公路进行道路病害的现场调查,调查路段的主要病害为纵向开裂和冻鼓,其中冻鼓导致路面的平整度严重下降。典型冻害如图2-1所示。

a) 行车道纵向裂缝1　　　　b) 行车道纵向裂缝2

c) 路肩纵向裂缝　　　　d) 超车道纵向裂缝

e) 路面冻鼓　　　　f) 路面冻鼓的测量

图 2-1　2009年长营高速公路的典型冻害

由图 2-1 可知：①纵向裂缝不唯一，广泛存在于行车道、超车道和硬路肩，说明纵向裂缝与路面材料类型无关；②路面的纵向开裂位置与轮迹位置无关，说明车辆荷载并不是引发纵向开裂的主要原因；③路面的冻鼓会引发路面的破损和混合料的松散；④养护部门已经对长营高速公路的道路病害进行了相应的处治，如纵向裂缝的灌缝填充和路面冻鼓的表面修补；⑤常规的路面病害处治技术无法有效控制病害的发展，灌缝后的裂缝仍会继续延伸，修补后的冻鼓仍会继续扩张，这说明路面冻害的治理难度较大，应在设计和施工阶段做好冻胀病害的预防工作。2009 年长营高速公路的冻害调查结果见表 2-1。

2009 年长营高速公路冻害调查结果　　　表 2-1

桩　号	长度(m)	状　态	路基断面形式
K01+300	15×10	冻鼓/网裂	填方约 2m
K01+600		冻鼓 3cm/沉陷/坑槽	填挖交界
K04+100	10	纵向开裂	挖方约 1m
K04+800	200	纵向开裂	挖方>3m
K05+700	55	纵向开裂约 1.5cm	填方>6m
K08+950	—	冻鼓	挖方约 1m
K09+700	300	纵向开裂	挖方约 2m
K11+500	500	纵向开裂	挖方>3m
K16+000	500	纵向开裂	挖方>3m
K17+650	80	纵向开裂>3cm	挖方>5m
K19+400	150	纵向开裂>1.5cm	填方约 2m
K23+200	150	纵向开裂	填方约 1m
K25+100	150	纵向开裂	挖方<5m
K27+300	100	纵向开裂>3cm	挖方约 3m
K32+100	1.8×8.3	冻鼓约 3.5cm	挖方约 3m
K33+300	200	纵向开裂	挖方约 2m
K38+800	300	纵向开裂	挖方约 2m
K42+200	220	纵向开裂>4cm/冻鼓 3cm	挖方约 1m
K43+800	2	冻鼓	填方约 2m
K45+400	100	纵向开裂>4cm	挖方>5m
K46+700	100	纵向开裂>4cm	挖方>5m

由表2-1可知,调查路段全长46.7km,共有纵向裂缝17条、冻鼓4处;纵向裂缝全长3130m,分布概率为67m/km。据此可知,长营高速公路K01+300～K46+700路段的沥青路面出现非常严重的纵向开裂,同时伴有冻鼓、沉陷和坑槽等病害发生。研究表明,路面的纵向开裂、冻鼓和融沉等病害是由路基冻胀引起的[126]。路基冻胀,特别是不均匀冻胀会导致路基承载力的改变,在行车荷载作用下会诱发路面的纵向开裂。长营高速公路路面出现的纵向裂缝长度大多数超过100m,说明该路段路基存在严重的不均匀冻胀问题,同时,路基的稳定性严重不足。

此外,由调查结果可知,纵向开裂路段的路基多为挖方或浅填方形式。由于东北地区的地下水位较高,挖方及浅填方路基内部的含水率较大,冻结过程中的水分补给充沛,导致路基发生不均匀冻胀变形,进而引发路面的纵向开裂。

2.1.2 长吉高速公路

长吉高速公路位于吉林省内,竣工于1997年9月9日,公路里程为83.555km;设计速度为120km/h,为双向四车道沥青路面高速公路;路基宽度为34.5m,中央分隔带宽度为10.5m,行车道宽度为15m,路缘带宽度为1.5m,硬路肩宽度为2.5m,土路肩宽度为0.75m;设计标准荷载为BZZ-100kN[127]。

2009年春,对长吉高速公路进行病害调查,发现沥青路面出现大量的纵向开裂、横向开裂、翻浆、融沉及网状开裂等病害,纵向裂缝的最大宽度达3.5cm。在纵向开裂严重路段,由道路雷达探测发现,路面下部结构内存在大量积水。这说明路基在冬季发生严重的冻胀病害,进而引起路面的纵向开裂和春融期的沉陷。

此外,长吉高速公路的浆砌片石排水边沟也出现了严重的冻胀、融沉病害,现场可观察到明显的勾缝脱落和片石松散现象。排水沟的破坏直接影响道路排水系统的工作能力,限制排水能力,加剧地表水向路基内部的渗入,使路基土体的含水率急剧增大,促使路基冻胀病害的发生和冻胀变形的发展。2009年春,长吉高速公路冻害现场调查中发现的典型冻害如图2-2所示。

由图2-2可知:①调查路段可见严重的路面翻浆,并伴有集料剥落。路面翻浆是路基冻胀在春融期的并发病害,直接加剧路面的水损害、影响混合料的耐久性。②路基冻胀导致路面发生冻鼓、融沉,改变路面平整度。③路面的纵向开裂在行车道和硬路肩都有发生。④灌缝处治无法控制纵向裂缝的发展。2009年春,长吉高速公路冻害调查结果见表2-2。

a)路面翻浆　　　　　　　　b)路面融沉

c)行车道纵向裂缝1　　　　　d)纵向裂缝1

e)行车道纵向裂缝2　　　　　f)路肩纵向裂缝

图2-2　2009年春长吉高速公路的典型冻害

2009年长吉高速公路冻害调查结果　　　　表2-2

桩号	长度(m)	状态	路基断面形式
K01+400	250	纵向开裂	填方高度<1m
K01+900	—	沉陷/网裂	填方高度约4m
K02+700	—	纵向开裂	挖方高度>6m
K03+800	5	涵洞、路肩开裂	挖方高度>2m
K10+800	45	纵向开裂	挖方高度<1m

续上表

桩　号	长度(m)	状　态	路基断面形式
K12+600	15	纵向开裂	零填零挖
K15+900	18	整体下沉	挖方高度<1m
K19+600	20	纵向开裂	零填零挖
K20+200	50	纵向开裂	填方高度<1m
K27+900	70	纵向开裂约2cm	填方高度>6m
K28+900	35	纵向开裂	挖方高度<1m
K32+900	—	纵向开裂	挖方高度约4m
K40+300	200	纵向开裂	半填半挖
K47+500	30	纵向开裂	填方高度<1m
K52+650	—	冻鼓	填方高度约2m(有涵洞)
K64+700	—	冻鼓/沉陷	挖方高度约3m

由现场调查结果可知:长吉高速公路 K01+400～K47+500 路段的沥青路面出现了严重的纵向开裂,同时伴有沉陷、路肩开裂等病害。纵向裂缝的长度在 15～250m 不等,开裂长度最大的两条纵向裂缝对应的路基类型分别为浅填方和半填半挖形式。此外,在挖方和零填零挖路段同样也出现不同程度的纵向开裂。以上调查说明路基的填筑方式是诱发路基冻胀和路面纵向开裂的关键因素。

在现场调查过程中,对路面结构进行雷达探测,结果发现:纵向开裂严重路段的道路结构内积聚了大量的水和冰。此外,调查发现:路面翻浆路段对应的路基为挖方形式,且排水边沟的终点位于该路段。挖方路基和排水不畅都会引发显著的水分积聚,这是引起路基冻胀、诱发纵向开裂和路面翻浆的直接因素。上述分析表明,路基的冻胀与路基的填筑方式和路基周围的水文条件直接相关。

2.1.3　G302 蛟河至黄松甸段

G302 蛟河至黄松甸段位于吉林省,为双车道单幅二级公路,路基宽度为 12.5m,行车道宽度为 7.5m,土路肩宽度为 0.5m;G302 蛟河至黄松甸段沿线路基的断面多为半填半挖或挖方形式。

2009 年春,冻害调查发现 G302 蛟河至黄松甸段 K281+200～K371+000 路段出现严重的纵向开裂、沉降和冻胀病害。典型冻害如图 2-3 所示。

G302 蛟河至黄松甸段冻害调查结果见表 2-3。由表 2-3 可知:①该二级公路路面出现了严重的冻鼓和沉陷病害;②网状开裂和松散病害同样突出。

图 2-3 2009 年春 G302 高速公路的典型冻害

2009 年 G302 蛟河至黄松甸段冻害调查结果　　　　表 2-3

桩　　号	状　　态	路基断面形式
K281+200	纵向开裂	填方高度约 0.5m
K284+600	纵向开裂	填方高度约 1.5m
K289+600	纵向开裂	填方高度约 1m
K293+500	纵向开裂	挖方高度>4m
K296+100	沉陷	挖方高度 3m
K302+100	冻鼓	挖方高度约 0.5m

续上表

桩　号	状　态	路基断面形式
K315+900	连续沉陷	左填高度约4m,右挖高度约2m
K320+100	多处冻鼓/沉陷	挖方高度约4m
K322+100	冻鼓/沉陷	挖方高度>6m
K323+500	沉陷/冻鼓>5cm	挖方高度>8m
K326+800	纵向开裂	挖方高度约3m
K329+800	纵向开裂	挖方高度约3m
K334+900	沉陷/挡墙开裂	挖方高度约1.5m
K343+600	沉陷	半填半挖
K344+500	纵向开裂	半填半挖
K345+800	沉陷>4cm/网裂	左零填,右填高度约2m
K347+900	纵向开裂	填方高度约0.5m
K349+200	纵向开裂/沉陷	填方高度约1.5m
K362+100	冻鼓>3cm	填方高度约1.5m
K369~K371	冻鼓>3cm	填方高度约1.5m

由现场调查结果可知:G302蛟河至黄松甸段K281+200~K371+000路段的沥青路面出现严重的冻鼓、沉陷和纵向开裂病害,除此之外存在大量的网状开裂和不均匀冻胀。调查路段的路基大多数为挖方及半填半挖形式,同时有少量的低填方路段,以致该路段路基填土直接受到地下水的影响。因此,秋季降雨的频发促使路基土含水率增大和地下水水位抬升,改变路基土的干湿状态;在大气降温的作用下,含水率高、地下水补给充分的路基土极易诱发冻胀病害。由于G302的公路等级较低,在重载交通和路基冻胀的综合作用下,路面必然会发生严重的冻鼓、沉陷和开裂病害。此外,挡土墙的冻裂反映了边坡内部突出的水分积聚问题。由此可知,水分积聚是诱发路基、路面及道路附属设施冻害的关键因素。

2.1.4　吉林省省道S102大蒲柴至桦甸段

吉林省省道S102又称为长春至石头口门公路(简称长石线),由长春市通往前董家,隶属吉林省省道路网中的放射线;省道 S102 全线里程 40.0km,公路等级为二级。省道 S102 大蒲柴至桦甸路段的路基断面多为半填半挖、低填方及挖方形式,路面出现严重的纵向开裂和路面沉降。2009 年春,对 S102 大蒲柴至桦甸段进行道路冻害的现场调查,典型冻害如图 2-4 所示。

a)网状裂缝　　　　　　　　　　b)纵向开裂

c)路面翻浆　　　　　　　　　　d)不均匀沉降

图 2-4　2011 年春 S102 大蒲柴至桦甸段的典型冻害

由图 2-4 可知:①省道 S102 调查路段出现纵向开裂、网状开裂、翻浆、沉陷等路面病害;②路面的网状开裂较严重,沥青路面基本完全破损,丧失整体性。由于省道 S102 的公路等级较低,道路排水设施配置不足、清雪工作不及时,至于道路表面及路肩两侧存在大量积雪。在温度荷载和车辆荷载的共同作用下,沥青路面上的积雪发生反复的融化和冻结;在低温条件下,沥青混合料遭遇严重的水损害。因此,在积雪、车辆和温度的综合作用下,沥青路面发生冻融破坏,出现网状开裂。省道 S102 大蒲柴至桦甸段的冻害调查结果见表 2-4。

由表 2-4 可知:省道 S102 的 K155 + 000 ~ K203 + 300 路段沥青路面出现纵向开裂、冻鼓、沉陷等病害。对应此路段的路基类型为浅填方、挖方和半填半挖形式,路基填土受地下水的影响较大,路基极易发生不均匀冻胀;同时,路基的冻胀和车辆的行驶直接导致路面开裂、沉陷、隆起等病害的发生。

2009 年 S102 大蒲柴至桦甸段冻害调查结果　　　　　表 2-4

桩　号	状　态	路基断面形式
K155+000	纵向开裂	填方高度<0.5m
K156+000	沉陷	挖方高度约3m
K157+000	沉陷>7mm	挖方高度约2m
K158+000	沉陷	挖方高度<1m
K160+000	沉陷	挖方高度<1m
K161+000	沉陷/纵向开裂	挖方高度<0.5m
K162+000	纵向开裂/沉陷	半填半挖
K163+000	纵向开裂	填方高度<2.5m
K164+000	纵向开裂/沉陷	填方高度约1m
K180+000	沉陷	半填半挖
K187+900	纵向开裂	半填半挖
K188+100	纵向开裂	半填半挖
K188+700	沉陷	挖方高度<0.5m
K188+800	纵向开裂	半填半挖
K189+000	沉陷	半填半挖
K190+000	沉陷	半填半挖
K192+000	沉陷/纵向开裂	填方高度<0.5m
K193+000	沉陷	挖方高度<0.5m
K195+000	沉陷	挖方高度<0.5m
K199+000	冻鼓/沉陷	填方高度<0.5m
K202+100	冻鼓/沉陷	半填半挖
K203+300	冻鼓/纵向开裂	半填半挖

2.1.5　建虎高速公路

建虎高速公路位于黑龙江省境内,为双向四车道沥青路面高速公路,主线公路里程为204.331km,于2011年9月30日建成通车[128]。2011年春,在路面结构尚未铺筑阶段,工作人员在桩号K103附近发现多条纵向裂缝。2011年4月11日进行现场勘查,发现最大纵向裂缝宽度约4cm,如图2-5a)和b)所示。

为了分析半刚性基层在只经历了一个越冬期,且没有通车的情况下,发生纵向开裂的原因,对K103+000桩号处的道路结构进行现场开挖,以便更直观地了解各结构层的实际工作状态和路基的干湿状态。

图 2-5 2011 年春建虎高速公路典型冻害

由图 2-5 可知：①半刚性基层的裂缝宽度大于底基层的裂缝宽度[图 2-5c)]；②如图 2-5d)所示，对于开挖后的道路剖面，道路各结构层的分布从上至下依次为半刚性水稳碎石基层、级配碎石底基层和土基，现场实测结果表明，相比于道路结构层的设计厚度，此时的基层和底基层厚度基本没有改变；③现场开挖深度约 1.5m，土基开挖深度大于 1m，开挖过程中，在土基内发现明显的聚冰层，从土基内取样发现路基土的含冰量非常高，如图 2-5e)所示，高含冰量的路基土说明该路段路基发生严重的冻胀，冻胀作用引起的冰分凝是导致土体含冰量增大的原因;④图2-5f)所示为硬路肩开挖后的状态,可以清晰地看到硬路肩底部存在大量积水,说明该路段的地下水水位高于路基底面,这是引起路基冻胀的重要原因。

《公路沥青路面设计规范》(JTG D50—2017)指出:在冰冻地区的中湿、潮湿路段,各等级公路在设计过程中需要进行路面结构的防冻厚度验算[129]。如果路面结构总厚度小于最小防冻厚度,则需要按照要求设置适当厚度的粒料类防冻垫层[129]。然而,通过上述5条公路的冻害调查结果可知:在季节性冻土地区,满足防冻厚度(或设置了防冻垫层)的公路仍旧存在严重的冻害问题。这说明路面结构设计和工程实践存在较大的差异,进一步表明:①基于热力学计算的防冻厚度设计方法不足以保证季节性冻土地区道路的抗冻能力;②单纯考虑路面结构的防冻厚度设计无法有效避免路基冻胀的发生。此外,由道路冻害调查可知:在季节性冻土地区,路基冻胀、低温开裂以及融沉等道路冻害广泛存在于挖方、低填方及半填半挖路段;路基的填挖高度和地下水水位直接影响道路冻害的分布。

2.2 路基冻胀对路面的影响

季节性冻土地区,路基冻胀病害的频繁发生直接诱发路面的开裂、翻浆、沉陷等问题,严重制约着寒区公路的稳定性和耐久性。路基冻胀对路面结构的影响,主要表现在降低路面平整度和破坏路面整体性两个方面。其中,冻胀、融沉、冻鼓等问题直接影响路面平整度;纵向开裂、网状开裂、混合料松散等问题直接破坏路面整体性。下面从路面平整度和整体性两个方面入手,依次分析路基冻胀对路面稳定性和耐久性的影响。

2.2.1 降低路面平整度

路面是道路结构中直接承受车辆荷载、确保行驶安全的关键层位,因此,路面在具有足够的强度和稳定性的基础上,需要具有一定的平整度。由于路基是典型的带状结构,当路基发生冻胀时,沿线不同位置处的路基在土质、填挖形式、地下水分布、压实程度、阴阳坡走向等因素的综合作用下,会产生大小不一的冻胀变形。冻胀变形的不均匀性,使路基无法为路面结构提供平整的支撑,引发路面平整度的改变。路基不均匀冻胀变形的变异性越大,对平整度的影响越显著。下面基于层状弹性体系理论,分析路基不均匀冻胀对路面平整度的影响。

1)不均匀冻胀变形的简化

路基不均匀冻胀变形的主要影响是导致沿行车方向的平顺度的改变。首先,基于层状弹性体系理论,提出以下假设:①道路材料为均质、各项同性的线弹性体;②垂直向下方向的路基为半无限大空间体;③各结构层间位移和应力完全连续;④不计自重。然后,将路基路面作为一个系统考虑路基冻胀变形对路面平整度的影响,得到路基冻胀前后的路面变形示意图,如图2-6所示。

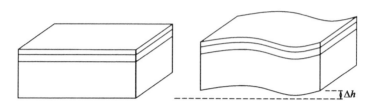

图2-6 路基冻胀前后的道路变形示意图[130]

由图2-6可知:路基沿行车方向发生不均匀冻胀变形时,上部的路面结构随之出现不均匀的竖向变形。将不均匀冻胀变形的分布简化为位置坐标的正弦函数:

$$\Delta h = a\sin(x/T + b) + c \tag{2-1}$$

式中:Δh——冻胀变形,mm;

x——位置坐标;

a,b,c,T——模型参数。

式(2-1)表征的冻胀变形的大小因坐标位置的不同而不同;式(2-2)表示的最大冻胀变形为55mm,最小冻胀变形为5mm。

$$\Delta h = 25\sin\left(\frac{\pi}{2}x\right) + 30 \tag{2-2}$$

2)数值模型的建立

针对季节性冻土地区,以建三江至虎林高速公路(建虎高速公路)沥青路面结构为对象,采用有限元方法分析路基不均匀冻胀变形对路面平整度的影响。建虎高速公路的路面结构组合及材料参数见表2-5。

路面结构组合及材料参数[130]　　表2-5

材　　料	厚度(cm)	弹性模量(Pa)	泊松比	密度(kg/m³)
AC-16	5	3.5×10⁹	0.25	2470
AC-20	7	3.6×10⁹	0.25	2480
4.5%水稳碎石基层	36	1.0×10⁹	0.25	2350
5%水稳碎石(45%)+级配碎石(55%)	20	1.2×10⁹	0.25	2400
土基	—	6.15×10⁷	0.35	1700

路面结构内各单元点满足平衡方程,即:

$$\left(\sigma_x + \frac{\partial \sigma_x}{\partial x}dx\right)dy - \sigma_x dy + \left(\tau_{xy} + \frac{\partial \tau_{xy}}{\partial y}dy\right)dx - \tau_{xy}dy + Xdxdy = 0 \quad (2\text{-}3)$$

$$\left(\sigma_y + \frac{\partial \sigma_y}{\partial y}dy\right)dx - \sigma_y dx + \left(\tau_{yx} + \frac{\partial \tau_{yx}}{\partial x}dx\right)dy - \tau_{yx}dx + Ydydx = 0 \quad (2\text{-}4)$$

式中:X,Y——x、y方向上的体力。

进一步地,将平衡方程式(2-3)和式(2-4)进行简化,可得:

$$\frac{\partial \sigma_x}{\partial x} + \frac{\partial \tau_{xy}}{\partial y} + X = 0 \quad (2\text{-}5)$$

$$\frac{\partial \sigma_y}{\partial y} + \frac{\partial \tau_{xy}}{\partial x} + Y = 0 \quad (2\text{-}6)$$

假设单元的有效变形为$(\delta u, \delta v)$,将方程式(2-5)和式(2-6)带入本构关系,可得:

$$\int_A \left(\frac{\partial \sigma_x}{\partial x} + \frac{\partial \tau_{xy}}{\partial y} + X\right)\delta u dA + \int_A \left(\frac{\partial \sigma_y}{\partial y} + \frac{\partial \tau_{xy}}{\partial x} + Y\right)\delta v dA = 0 \quad (2\text{-}7)$$

3)冻胀对平整度的影响

将式(2-2)作为路基顶面的预定位移,计算不均匀冻胀变形对路面各结构层竖向变形的影响,计算结果如图2-7所示。

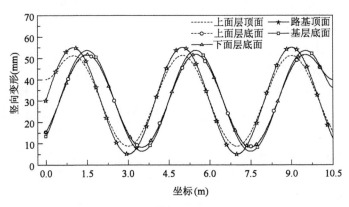

图2-7 路面各结构层的竖向变形

由图2-7可知:

(1)面层和基层各层位的最大竖向变形均小于路基的最大冻胀变形;面层和基层各层位的最小竖向变形均大于路基的最小冻胀变形,即距离路基顶面越远,结构层的最大竖向变形越小,最小竖向变形越大。这说明距离路基顶面越远,结构层竖向变形在横向分布的变异性越小;面层和基层厚度越大,路基冻胀变形对路面平整度的影响越小。

(2)相同位置坐标处上部结构层的竖向变形可能大于路基顶面的冻胀变形,但小于最大冻胀变形。

(3)各结构层竖向变形极值点出现的位置不同。

以上两点说明:路基冻胀变形对路面平整度的影响具有错位效应;不均匀冻胀变形对平整度的影响表现为竖向变形沿横向分布的不均匀性。

路基不均匀冻胀影响路面平整度的危害主要表现为:①影响车辆驾驶的平稳性和乘客的舒适性;②引起路面积水,降低路面的抗滑能力,危害行车安全。鉴于此,为了避免路基冻胀变形对路面平整度的影响,需要控制路基冻胀的变异性,保证冻胀变形的不均匀程度在允许范围内。

2.2.2 破坏路面整体性

路面的整体性是确保承重能力、保证行车安全、避免地表水渗入的必要条件。路基冻胀的发生必然会影响路基对路面的支撑作用,路基强度的降低以及不均匀冻胀的产生改变路面底部的受力状态。在行车荷载作用下,由于路基支撑作用的弱化,路面会发生纵向开裂、网状开裂以及松散等病害[131]。上述病害的发生直接破坏路面的整体性。由于道路冻害而引发的路面整体性的破坏,严重影响道路的耐久性、行车安全以及驾驶的舒适性。基于此,从路面的冻害类型入手,依次分析路基冻胀对路面整体性的影响。

1)纵向开裂

路基不均匀冻胀变形的产生,改变了路基对路面的平整支撑;在行车荷载和不均匀支撑的共同作用下,路面内的应力状态发生改变,产生弯拉变形;当路面内的应力超过材料抗拉强度时,路面发生纵向开裂。诱发路面纵向开裂的原因主要有以下几方面:

(1)沿线路基土质类型的不同。细粒含量高的强冻胀土冻胀敏感性显著[50],如果路基土由强、弱冻胀土组成,在水-温耦合作用下极易发生沿土质交界分布的纵向开裂。

(2)路基填挖交界处理不当。由于半填半挖路基由原状土和扰动土两个部分组成,施工过程中填挖交界处土质的变异性较大[132]。因此,填方路基和挖方路基的拼接位置是发生不均匀冻胀、诱发纵向开裂的潜在区域。

(3)路基施工控制不足。路基施工过程中,填土压实度的控制以及换填材料的均匀性是保证路基稳定性的关键。如果填土的压实程度不一致或填土的均匀性较差,都会导致路基土发生不均匀冻胀。

(4)地下水水位较高。水分补给是决定路基冻胀程度的关键因素,沿线地下水水位越高,路基产生的冻胀变形越大,对路面结构的破坏越严重。

(5)路基阴阳坡温差较大。由于光照、风向、降雨流向等因素的作用,路基两侧的温度和水分补给状态存在较大差异,边界效应导致的水-温差异直接影响路基冻胀的发展,诱发不均匀冻胀和路面纵向开裂。

路面的纵向裂缝沿行车方向向两侧延伸,在行车道、超车道和硬路肩顶面都有分布[133];此外,多条纵向裂缝可能同时出现在同一路段,裂缝走向基本一致[134]。路面的纵向开裂直接破坏路面的整体性,影响车辆荷载在道路表面的扩散路径,降低路面的承载能力。其次,纵向裂缝的出现加剧地表水和杂质的渗入,破坏路面对下部结构的屏蔽作用,改变道路结构内部的水温状态。综上所述,路基冻胀引起的纵向开裂直接破坏路面的整体性,影响道路的稳定性和耐久性。

2)网状开裂/松散

路基的冻胀必然会降低路基的承载能力,当融沉、翻浆等病害随之发生时,路基的承载力急剧下降[134]。当路面底部的支撑强度不足时,在车辆荷载作用下,路面结构内发生应力重分布,薄弱的路面结构不可避免地出现网状开裂。此外,由于路基冻胀引起的纵向开裂加剧地表水的渗入,由路基冻胀引起的冻胀、隆起等问题促使地表水的积聚,在水分侵入和冻融循环的综合作用下,路面结构不可避免地遭受严重的水损害,导致路面出现网状开裂、集料松散等问题[135]。

诱发路面网状开裂和集料松散的原因主要有以下几方面:

(1)路基承载力的降低。路基冻胀以及冻胀引发的融沉、翻浆等问题直接导致路基承载力的下降,影响道路耐久性。

(2)冻融作用下的水损害。地表水的积聚和渗入加剧冻融作用对路面材料的损伤,进而引发材料的水损害。

(3)混合料路用性能的劣化。沥青混合料的低温性能和集料的黏附性随路龄不断劣化,路用性能不足的路面材料在车辆荷载和环境荷载的综合作用下,会出现不同程度的损伤。

综上所述,路基冻胀引起的网状开裂、集料松散等问题直接破坏路面的整体性,严重制约道路的服务能力,影响路基路面的稳定性和耐久性。

路基冻胀破坏路面整体性的主要危害表现为:

(1)破坏路面结构的承载能力。

(2)加剧地表水的积聚和渗入。

(3) 改变路面结构的应力状态。
(4) 缩短路面的使用寿命。
(5) 降低行车舒适性等。

鉴于此,为了避免路基冻胀问题对路面整体性的破坏,应加强路基冻胀的防冻设计和施工控制,抑制冻胀病害的发生。

综上所述,路基冻胀会诱发路面的平整度下降和整体性破坏,导致路面的耐久性和稳定性出现问题。同时,路面性能的改变加剧地表水的积聚和渗入,在低温的耦合作用下,促使下部结构和路基发生更恶劣的冻胀病害。因此,路基冻胀的预防是保证道路稳定性和耐久性的关键问题。

2.3 路基冻胀的影响因素

路基冻胀是影响季节性冻土地区道路服务能力和使用寿命的关键问题,冻胀的发展与环境荷载和土体特性直接相关,其中水分补给、温度荷载、上覆压力等因素对冻胀发展的影响尤为显著[136]。鉴于此,基于路基冻胀病害的现场调查结果,依次分析季节性冻土地区路基冻胀的影响因素。

1) 水分补给

首先,地表水的渗入促使路基土含水率急剧上升,促进冰透镜体的分凝,加剧冻胀的发展。地表水的渗入是由于路面破损导致的,路面破损包括路面的横向开裂、纵向开裂、网状开裂、集料松散等问题。其中,纵向开裂、网状开裂和集料松散与路基冻胀有关。因此,路面的横向开裂是促使地表水渗入、影响路基冻胀的因素之一。鉴于此,采用 AASTHO 力学经验法路面设计软件,通过单因素敏感性分析,研究各项参数对沥青路面横向开裂间距的影响[137],分析结果如图 2-8 所示。

由图 2-8 可知:①沥青的 PG 分级、上面层的厚度、混合料的孔隙率是影响开裂间距的主要因素;②下面层的厚度、路基土质和基层类型对开裂间距的影响较小。因此,路面的材料选择、结构设计通过路面的实际开裂情况间接影响地表水的渗入,进而影响路基冻胀的发展。

其次,地下水是路基冻胀过程中水分补给的主要来源,在温度梯度和毛细作用的共同作用下,地下水向冻结锋面处迁移,引起路基土含水率的增大和冰透镜体的生长,进而加剧路基冻胀的发展。

综上所述,地表水和地下水为路基土的冻结提供水分补给,水分补给是冰透镜体生长和路基冻胀的必要条件。控制路基土的水分补给、截断土体冻结过程中的水分迁移路径是控制路基冻胀的措施之一。

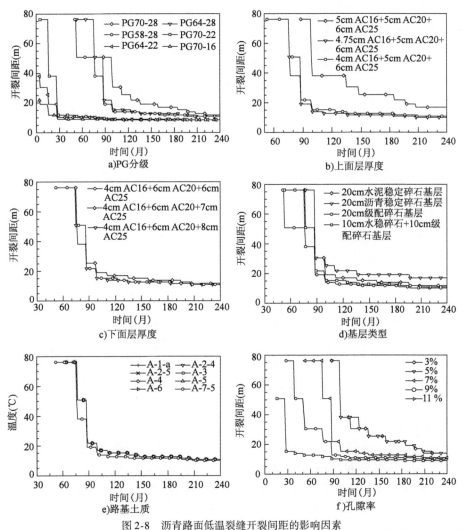

图2-8 沥青路面低温裂缝开裂间距的影响因素

2) 温度荷载

路基土的冻结和融化与环境温度直接相关,随着大气温度的季节性变化,路基土在一定深度内经历反复的冻融循环作用,进而诱发冻胀、融沉等病害。温度对路基冻胀的影响主要包括两个方面:①大气负温对路基土冻结的促进作用;②大地恒温对路基土冻结的抑制作用。

首先,路基土随着秋冬季节大气温度的下降逐步向下冻结,大气温度的降温速率和极端最低气温是影响路基冻胀发展的关键因素。大气温度的降温速率越快,路基内冻结锋面的移动速度越快;大气负温的最低温度越低,路基的冻结深度越大。其次,大地恒温对大气负温的抵消作用使路基土的冻结不可能无限制地向下发展,当大气负温传递的冷量与大地恒温传递的热量平衡时,路基土的冻结达到稳定状态,冻结锋面不再移动,冻结深度达到最大值。

综上所述,在大地恒温一定的前提下,大气负温是路基冻结的起始条件,极端气温和降温速率是影响路基冻结的主要因素。路基温度调控措施的应用是控制路基冻结、避免路基冻胀的措施之一。

3)上覆压力

研究表明:单向冻结试验中,上覆压力越大,黏土的冻胀率越小[83]。这说明上覆压力对冻胀变形的发展起到抑制作用。因此,路面结构的铺筑及车辆荷载的作用在一定程度上抑制了路基冻胀的发展。

上覆压力对冻胀发展的抑制作用的解释包括两个方面:①路基土冻胀过程中,土体内产生随冰透镜体生长不断增大的冻胀力,冻胀力与温度梯度方向一致;上覆压力与冻胀力方向相反,抵消了冻胀力的作用,抑制了冰透镜体的生长;②正冻土的渗透系数与土体的应力状态有关,上覆压力的作用降低土体的渗透能力,冰透镜体生长所需的水分补给因为上覆压力的存在受到阻断,进而抑制冻胀的发展。

综上所述,上覆压力是冻胀发展的影响因素之一,上覆压力从应力分布层面和渗透机理两方面对冰透镜体的生长和冻胀的发展起到抑制作用。

4)土体参数

研究表明:

(1)细粒含量越高,土体的冻胀率越大[138],说明土的颗粒级配影响冻胀变形的发展。细粒含量越高,比表面积越大,毛细作用越突出,土体冻结过程中的水分迁移越显著,冰透镜体的生长越快,冻胀变形越大。

(2)压实度越大,土体的冻胀率越大[135]。由于土体是多孔介质,压实度越大,土体的孔隙率越小,土颗粒的间距越小,毛细作用越突出,水分迁移越显著,单位冻结深度内产生的冻胀变形越大,因此土体的冻胀率与压实度正相关。

(3)土质类型不同,土体冻胀率的差异较大[135-136]。与粉土相比,黏土具有更大的比表面积和更强的塑性,同时,黏土的冻胀敏感性更为显著。不同土质的土颗粒与孔隙水之间具有不同的交互作用,土水的交互作用决定了土体冻结过程中的水分迁移规律和土体的持水能力;持水能力越强,土体的饱和程度越高,冻胀变形越大;水分迁移作用越显著,冰透镜体的生长越突出,土体冻胀越严重。

综上所述,在季节性冻土地区,路基土的土质类型、细粒含量以及压实度等物理参数是影响路基冻胀变形的重要因素。因此,依据土体物理参数对冻胀敏感性的影响分析,公路路基冻胀病害的防治可以从换填弱冻胀土、降低细粒含量、控制路基压实度等方面入手。

基于以上分析可知,路基冻胀的发展主要与温度荷载、水分补给、上覆压力、土质参数等因素有关。路基冻胀病害的避免和冻胀变形的控制是解决季节性冻土地区路基冻胀问题的关键,为此,针对季节性冻土地区路基土的冻胀问题,开展土体在单向冻结条件下的冻胀发展规律和冻胀机理研究,以提高寒区道路工程质量、保证道路稳定性和耐久性。

2.4 本章小结

本章着眼于季节性冻土地区广泛存在的路基冻胀问题,针对东北地区典型的沥青路面公路工程,开展了道路病害的现场调查。基于调查结果分析了路基冻胀对路面的危害,阐明了路基冻胀对道路稳定性和耐久性的影响。最后,分析了路基冻胀的影响因素。

(1)在季节性冻土地区,路基的冻胀和路面的冻害问题极为突出;冻胀、开裂以及融沉等病害广泛存在于挖方、低填方及半填半挖路段;路基的填挖高度和地下水位等因素直接影响冻胀病害的分布。

(2)路基冻胀的发生直接导致路面平整度的下降,破坏路面整体性,影响路面抗滑能力和行车舒适性,降低路面的承载能力,加剧地表水的积聚和渗入,改变路面的应力状态,缩短路面使用寿命,危害道路的稳定性和耐久性。

(3)路基冻胀变形的发展与环境荷载和土体参数直接相关,与路面性能间接相关。其中,温度荷载和水分补给是诱发路基冻胀的必要条件,土质类型、细粒含量、压实度、上覆压力是影响冻胀发展的关键因素,路面材料和结构厚度是影响路基冻胀的间接因素。

第3章 土体冻胀试验系统的研发

在季节性冻土地区,随着大气温度的季节性改变,土体会发生周期性的冻结和融化,并表现出不同的温度分布状态和变形发展规律。土体的冻结是一个复杂的多物理场耦合过程,室内冻胀试验是研究土体冻胀规律和变形机制最直接有效的方法。为了分析土体冻结过程中的温度分布特性、冻胀发展规律以及含水率的分布情况,有必要开发一套充分考虑温度荷载、应力状态、补水条件等因素的室内土体冻胀试验系统;通过室内试验,实现对路基土冻结过程的真实模拟和试验数据的实时采集,以推动土体冻胀机理的研究。

本章在参考美国、加拿大、日本等国家现行土体冻胀试验仪的基础上,改进现有冻胀试验仪控温不稳定、密封性差、补水效果不好等弊端,自主设计温度控制盘、滑动绝热装置和压力转换压头等装置,研发得到一套室内土体冻胀试验系统。该试验系统可通过设置不同的冷端温度、暖端温度、上覆压力、补水条件等试验参数,实现多孔材料在多种工况下的冻结、融化以及冻融循环试验。研发的土体冻胀试验系统可实时监测冻胀试验过程中的温度分布和竖向变形,得到土体冻结过程中的温度分布规律和冻胀发展趋势。

3.1 冻胀试验系统的设计思想

土体的冻结过程是复杂的温度-渗流-应力耦合过程,为了模拟土体从未冻结状态到完全冻结状态的动态发展过程,首先要明确土体冻结过程中各物理场的分布和发展情况。按照土体冻结的不同阶段将冻土的发展划分为未冻土(未冻结状态)、正冻土(正在冻结状态,也称冻结缘)和已冻土(完全冻结状态),如图3-1所示。

图3-1给出土体冻结过程中某一时刻,沿土体深度方向的温度分布、水分运动和变形特征。基于此,将土体室内冻胀试验的基本要求与解决方案归纳如下:

(1)侧向绝热的一维热量传递

工作状态下,路基属于半无限空间体,大气温度通过路基表面与路基土进行热量交换,土体单元在水平向的热量交换可以忽略不计。土体冻结过程中,来自

第3章 土体冻胀试验系统的研发

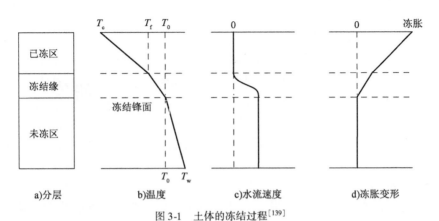

图 3-1　土体的冻结过程[139]

注：T_c-冷端温度；T_f-冻结缘顶端温度；T_0-冻结温度；T_w-暖端温度。

大气负温的冷量从路基表面沿深度方向向下传递，因此，需要保证室内冻胀试验中土体试件的受热条件为侧向绝热的一维热量传递状态。

基于此要求，拟采用如下两项措施实现冻胀试验系统侧向绝热的一维热量传递方式：首先，设计低导热系数的、具有侧向绝热功能的绝热保温环，在试验过程中将其裹覆在试件侧表面，实现土体试件侧面与环境温度的绝热功能；其次，选择高导热系数的、高强度的铝材加工成内置循环凹槽的温度控制盘，将其放置于土体试件两端，通过内部液体的循环实现控温，模拟大气温度的作用模式。

（2）适宜的补水水头

饱和土冻结过程中产生的冻胀变形的大小直接受限于水分补给条件和水分迁移效率，而水分迁移的驱动力（土水势）来源于土体冻结过程中的渗透压力势、重力势、溶质势和温度势。为了保证土体冻结过程中所有的水分迁移都是由渗透压力势和温度势引起的，需要完全剔除重力势和溶质势对土水势的影响。重力势的外在表现为补水水位与试件水头的水头差；而溶质势是由于液体浓度差引起的，补水液体为不含杂质的纯净水，不存在浓度差，故溶质势可以忽略。因此，需要通过控制水头差，消除水分迁移驱动力的差异性。

如果补水系统的水头高过土体试件的水头，那么水分会在水头差的驱动下从补水系统流向土体试件，发生吸水现象；如果补水系统的水头低于土体试件的水头，那么水分会从土体试件流向补水系统，发生脱水现象。因此，要保证补水系统的水位介于土体试件底端和试件顶端之间。在试验系统设计过程中，将滴定管和大容量烧杯通过细孔径塑料管连通，蓄水烧杯置于与试件底面平齐的水平面上，烧杯内的水位不高于试件顶面，保证补水系统的补水水头满足上述要求。

(3) 均布且稳定的竖向荷载

路基在工作条件下需要承受来自上部结构和车辆荷载的竖向作用力,这种作用于土基顶面的、与重力方向相同的竖向荷载称为上覆荷载,也称上覆压力。土体冻结过程中,上覆压力在一定程度上影响土体的冻结和冻胀,因此,在室内冻胀试验中需要对土体试件施加等效的竖向荷载模拟上覆压力的作用。考虑试验的稳定性和可控性,以及上覆压力的荷载等级,要求试验过程中施加的上覆荷载是均布、稳定、大小可调的与重力同向的荷载。

目前,常用的加载装置有配重压力和气动压力两类,其中气动压力加载装置具有可控性高、稳定性好、抗干扰能力强等优点,因此本试验系统选用气动装置进行加载。另外,由于路基实际工作状态下表面承受的上覆压力较小,常规汽缸的输出精度不足以保证微压力的稳定输出,因此,需要采用低摩擦汽缸和微压力调节器保证试验系统的加载性能。

(4) 温度与变形的实时采集

土体冻结过程中的温度分布特征和冻胀变形的发展规律是分析土体冻胀规律、研究土体冻胀机理的关键。正冻土不同深度处的温度和变形随时间不断变化,因此需要实时监测土体冻结过程中的温度和变形。

温度分布监测采用多点布设传感器、定频率采集的方式实现。首先,在土体试件内部等间距埋设多个温度传感器,用以测量不同层位土体的温度;然后,根据试验精度要求设置温度传感器的采集频率,得到不同时间点各层位土体的温度。

冻胀变形的发展规律通过高精度的 LVDT(直线位移传感器)的定频率采集实现。将 LVDT 探针与土体试件顶面连接,实时监测土体冻结过程中试件上表面的竖向位移,进而得到土体试件冻胀变形随时间的发展情况。

3.2 冻胀试验系统的组成

归纳前文中室内冻胀试验系统的基本要求可知,室内冻胀试验系统需要具备以下五项功能:①模拟大气负温的冻结作用;②提供均布的竖向荷载;③提供稳定的水分补给;④固定试验用试件;⑤采集试验数据。

室内土体冻胀试验系统包括试验台、控温及控湿系统、加载系统、补水装置及数据采集系统,各组成部分的连接顺序及响应关系如图 3-2 所示。

由图 3-2 可知,室内土体冻胀试验系统的各组成部分分别承担不同的工作任务,各组成部分作为试验系统的子系统互相协调,共同完成多因素影响条件下的多孔材料的冻结、融化试验。基于上述分析,合理设计各子系统的外观,得到室内土体冻胀试验系统的平面布置,如图 3-3 所示。

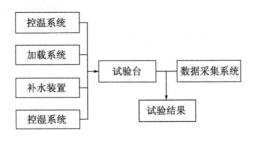

图 3-2　土体冻结系统的组成

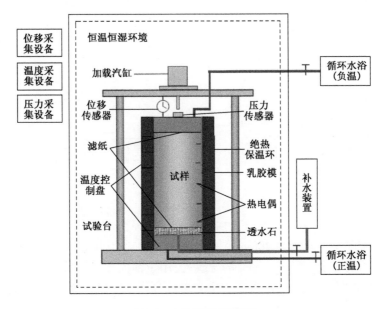

图 3-3　土体冻结试验系统

冻胀试验系统各子系统的组成有:①试验台,其由刚性反力架构成,反力架含三根刚性反力杆,试件安放于反力架底座,气动加载装置放置于反力架顶盘;②控温系统,其由置于试件顶端和试件底端的温度控制盘及循环冷浴构成;③绝热装置,其裹覆在试件侧面的绝热保温环是辅助控温的绝热装置;④补水装置,其与底端温度控制盘相连的,由滴定管和烧杯连接而成的连通装置;⑤加载系统,其由置于反力架顶端的汽缸和气压输出设备及压力调节装置组成;⑥数据采集系统,其由温度热电偶、LVDT 位移传感器、压力传感器及数据采集设备组成。

3.2.1 试验台

冻胀试验系统的试验台由反力架底座、反力架顶盘、反力杆和辅助盘四个部分组成,它采用高强度钢加工而成。其中,辅助盘位于反力架底盘上部,用于试件的放置以及循环冷浴管道和补水管道的埋设。

(1)反力架底座

反力架底座位于试验台底端,起到锚固反力架、固定辅助盘、提供操作空间的作用。图3-4所示为反力架底座,为钢质圆形结构。

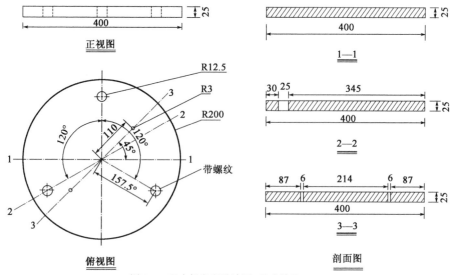

图3-4 反力架底座设计图(尺寸单位:mm)

反力架底座的直径为400mm、厚度为25mm;在距圆心157.5mm的圆周上等角度的预留3个直径为25mm的螺纹孔,用于锚固反力杆,相邻螺纹孔的夹角为120°;在距圆心110mm的圆周上等角度的预留4个直径为6mm的螺纹孔,用于连接辅助盘,相邻螺纹孔的夹角为90°。

(2)反力架顶盘

反力架顶盘位于试验台顶端,起到锚固反力架、安装汽缸的作用。图3-5所示为反力架顶盘,为钢质圆形结构。

反力架顶盘为圆形结构,其直径为400mm、厚度为25mm;在距圆心157.5mm的圆周上等角度的预留3个直径为25mm的螺纹孔,用于锚固反力杆,相邻螺纹孔的夹角为120°;在距圆心28mm的圆周上等角度的钻取4个直径为6.75mm的螺纹孔,用于固定汽缸,相邻螺纹孔的夹角为90°;在圆心处预留直径为23mm的圆孔,为汽缸的活塞杆提供往复通道。

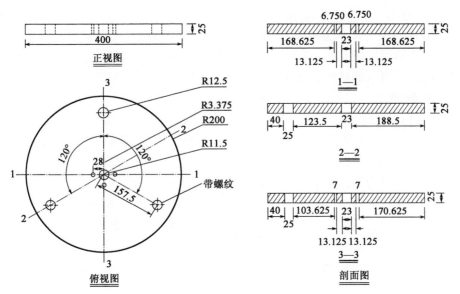

图 3-5 反力架顶盘设计图(尺寸单位:mm)

(3)反力杆

三根刚性反力杆与反力架底座和反力架顶盘相连,组成完整的反力架结构,图 3-6 所示为钢质反力杆。

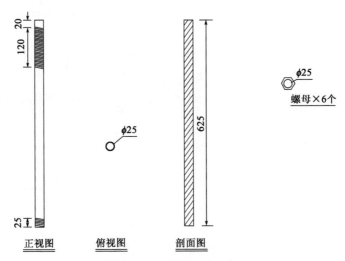

图 3-6 反力杆设计(尺寸单位:mm)

注:直径为 25mm、长度为 475mm 的钢质立柱;底端 25mm 的刻有螺纹,与反力架底盘的预留圆孔相对应;顶端 20~140mm 内刻有螺纹,用于固定反力架顶盘。

43

反力杆的直径为25mm,长度为650mm;反力杆底端预留长为25mm的标准螺纹,以锚固反力架底座;在反力杆底端螺纹以上20mm处铣刨两个互相平行的、用于固定扳手的平面;反力杆顶端预留长为165mm的标准螺纹,用于锚固反力架顶盘,并可根据试件高度调整反力架顶盘距离反力架底座的距离。

(4) 辅助台

试验台的辅助台位于反力架底座上,顶面与底端温度控制盘连接,为试件提供放置空间,图3-7所示为辅助台。辅助台为圆形结构,其直径为120mm、厚度为25mm;在距离圆心110mm的圆周上等角度的预留4个直径为6mm的螺纹孔,用于连接反力架底座,相邻螺纹孔的夹角为90°;在圆心处预留直径为6mm的圆孔,用于补水管道的流通;在距离圆心40mm的圆周上预留4个6mm的螺纹孔,用于连接底端温度控制盘,相邻螺纹孔夹角为90°;在辅助台横向直径上分别距离圆心42mm处预留直径6mm的圆孔,并以此圆孔为起点,沿着与横向直径垂直的方向铣刨3个宽度为6mm、深度为25mm的凹槽,用于埋设循环冷浴和补水管。

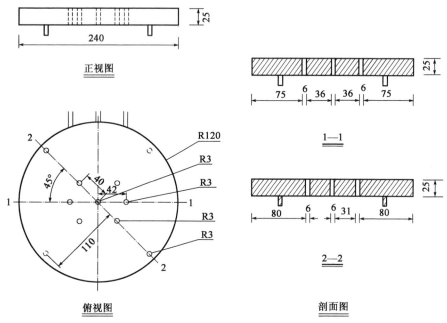

图 3-7 辅助台设计(尺寸单位:mm)

注:厚度为25mm、直径为240mm的圆形钢板,底面设有4个螺钉,可固定于反力架底盘;顶面有4个带有螺纹的圆孔,用于固定放在上面的控温盘;顶面中心线上有3个圆孔,对应的有3个长直凹槽,可将控温盘的3根圆管由此导出。

3.2.2 控温及控湿系统

室内土体冻胀试验系统的控温系统由循环冷浴装置和温度控制盘组成,此外,为了保证土体冻结过程中试验台处于恒温恒湿环境,为室内冻胀试验系统配置一台恒温恒湿养护箱,用以控制湿度,并辅助控温系统。土体冻胀试验系统的试验台放置于恒温恒湿养护箱内,在可控环境中完成多孔材料的冻结、融化过程。

(1)温度控制盘

温度控制盘包括底端温度控制盘和顶端温度控制盘,分别设置在试件的底部和顶部,底端温度控制盘与试验台的辅助台相连,固定在试验台上。温度控制盘与循环冷浴的外循环通道相连,通过设置冷浴系统的工作温度和冷却液的循环,模拟温度荷载使试验试件达到冻结、融化的目的。

为了保证温度控制盘表面温度的均匀性,需要保证盘体材料的高导热性和冷却液的不间断循环,因此选择导热性好、密度小的铝作为盘体材料,并将温度控制盘内部设计成"S"形迂回式水流凹槽,保证冷却液在盘体内的顺畅循环。

在综合考虑加工难度和结构强度的基础上,温度控制盘的最小壁厚定为6mm。"S"形迂回式水流凹槽的横截面为矩形,宽度等同于壁厚为6mm,凹槽的深度根据流量守恒式(3-1)计算为12mm。

$$a \cdot b \cdot v_1 = \pi \cdot r^2 \cdot v_2 \tag{3-1}$$

式中:a——凹槽宽度,mm;

b——凹槽深度,mm;

r——循环冷浴管道半径,mm;

v_1——温度控制盘内液体流速,mm/s;

v_2——循环冷浴管道内液体流速,mm/s。

为了保证循环冷浴的稳定性,需保证温度控制盘内的液体流速等于循环冷浴管道内的液体流速。因此,在流量守恒计算过程中,$v_1 = v_2$,因此,$b \approx 12mm$。据此,温度控制盘的外径为100mm,厚度为24mm,内部凹槽的矩形横断面尺寸为6mm×12mm,凹槽为"S"形迂回式结构。

此外,顶端温度控制盘上表面需要承受来自于加载系统的竖向荷载,因此在温度控制盘中心设计一个突出的圆形凹槽作为传力构件,该构件为直径20mm、高10mm的圆柱体,构件中心设有直径为15mm的半球形凹槽。底端温度控制盘上表面需要为补给水分提供蓄水空间,因此在上表面设计放射形与圆周形相结合的深3mm、宽3mm的凹槽。最后,温度控制盘侧面需要预留两个直径为2mm的半圆形凹槽用于固定乳胶膜。温度控制盘设计如图3-8和图3-9所示,成品如图3-10所示。

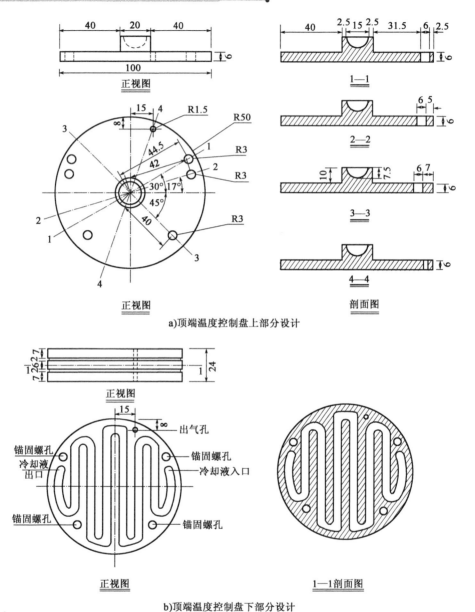

图 3-8　顶端温度控制盘设计(尺寸单位:mm)

注:顶端温控盘由上下两个部分组成,材质为铝;上部分的上表面:有 10×10mm 的半圆形压槽,压槽直径7.5mm;上部分留有 3 个圆孔,分别连接控温水溶和排气口;上部分留有 4 个直径为 6mm 的、带螺纹的圆孔,用于与下部分连接;下部分侧面有绕侧面一周的两个凹槽,凹槽为半圆形;下部分有深度为 18mm、相互连通的蛇形凹槽。

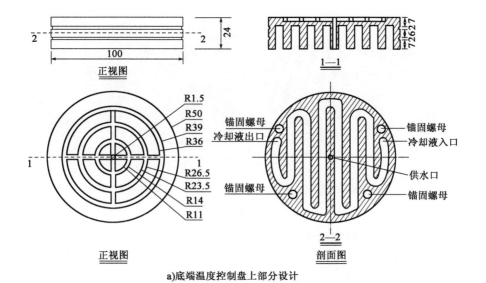

a) 底端温度控制盘上部分设计

b) 底端温度控制盘下部分设计

图 3-9 底端温度控制盘设计(尺寸单位:mm)

注:底端温控盘由上下两个部分组成,材质为铝;上部分的上表面有深度 3mm、互通的环形凹槽;中心有 1 个直径 6mm 的上下贯通的圆孔,用于供水;上部分的侧面有绕侧面一周的两个凹槽,凹槽半圆形;上部分下表面需留有 4 个带螺纹的圆孔,用于将其同下部分相连接;上部分的下表面有深度为 18mm、相互连通的蛇形凹槽;下部分留有 3 个圆孔,分别连接温控水浴和供水口;下部分留有 4 个带螺纹的圆孔,用于同上部分和底盘相连接。

47

a) 顶端温度控制盘　　　　　　　b) 底端温度控制盘

图 3-10　温度控制盘

(2) 循环冷浴和恒温恒湿箱

根据温度荷载的设计要求,采用了两台杭州雪中炭恒温技术有限公司生产的、型号为 XT5704LT-R30 的高、低温恒温液循环装置(图 3-11),产品参数见表 3-1。

循环冷浴基本参数　　　　　　　　表 3-1

参数	控温范围 (℃)	精度 (℃)	最大循环压力 (kPa)	循环流量 (L/min)	冷却液
值	-30 ~ +90	±0.05 ~ 0.10	101	17	酒精

图 3-11　雪中炭自动循环冷浴(XT5704LT-R30)

为了提高温度控制盘的制冷效率并减少外界温湿度对土体冻胀试验的影响,将试验台置于恒温恒湿条件下进行冻胀试验。采用上海光地仪器设备有限公司生产的、型号为 HSY-40B 的恒温恒湿养护箱(图 3-12),产品参数见表 3-2。

第3章 土体冻胀试验系统的研发

a)箱体正面　　　　　　b)操作界面

图 3-12　恒温恒湿箱

恒温恒湿箱基本参数　　　　　　　　　　　表 3-2

参数	控温范围(℃)	控湿范围	制冷功率(W)	加热功率(W)
值	0~25	80%~95%	300	600

土体冻结试验过程中,恒温恒湿养护箱的工作状态为:恒温+5℃,恒湿98%。温度控制盘与循环冷浴相连通实现土体冻结温度荷载的模拟,同时,绝热保温环和恒温恒湿养护箱为冻胀试验提供了稳定的试验环境和绝热边界,各装置共同实现了室内土体冻胀试验的控温过程。

3.2.3　滑动绝热装置

裹覆在试件侧面的绝热保温环是辅助控温的绝热装置,用于阻断试件侧面与环境的热量交换,实现侧向绝缘的效果,保证土体冻结过程中热量的单向传递。同时,绝热保温环对试件提供侧向约束,保证土体冻胀的发展是一维的。此外,相邻绝热保温环之间通过凹槽和凸起相互衔接,衔接面光滑平顺。

为了使绝热保温环满足保温性好、强度高、摩擦小三个要求。首先,选择隔热性好、具有一定刚度的聚丙烯塑料作为绝热装置原材料,材料参数见表3-3;其次,将绝热保温环设计为半圆环形,两个半环通过螺丝锚固后形成一个完整的环形绝热装置,保证对土体试件的侧向约束;最后,需要将绝热装置分割为高度较小的多个环状结构,各小环之间通过凸起/凹槽的嵌入方式稳固在一起,并且凸起/凹槽之间的连接是低摩擦近似光滑的。

综上所述,绝热保温环的设计如下:内径为102mm,外径为160mm,厚度分为15mm和35mm两种,凸起/凹槽尺寸为5mm×5mm。高度为35mm的绝热保温环用于试件最顶端和最低端,连接温度控制盘和试件。

聚丙烯塑料参数　　　　　　　　表3-3

密度 (g/cm³)	导热系数 [W/(m·K)]	熔点 (℃)	收缩率 (%)	抗拉强度 (MPa)
0.92	0.12	164~170	1.0~2.5	25

由于加工成型后的绝热保温环无法顺畅地装置在试件周围,考虑聚丙烯塑料的刚度较大,保温环内径过小的问题,将环的内径扩大至120mm,而后在其内壁粘贴一层厚度为10mm的多孔保温棉,设计如图3-13所示,成品如图3-14所示。

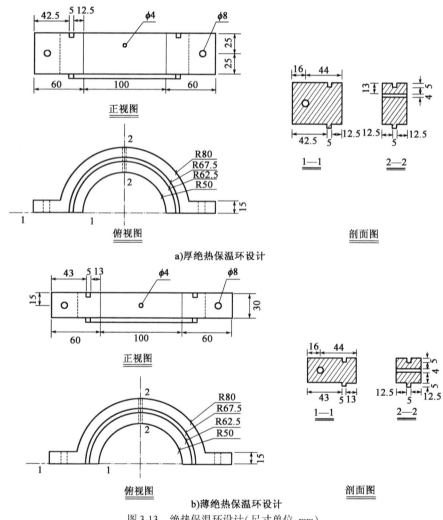

图3-13　绝热保温环设计(尺寸单位:mm)

注:导热系数<0.2的绝热材料;有凹槽和凸槽,确保上下两个环不偏心。

图 3-14 所示为由 2 个厚绝热保温环和 3 个薄绝热保温环组成的滑动绝热装置。保温环由 2 个 Ω 形的半环组成,3 个半环之间通过两根 $\phi8$ 的螺栓进行锚固连接。

a)绝热保温环外观　　　　b)绝热保温环内部

图 3-14　绝热保温环

3.2.4　补水装置

将滴定管和带刻度的烧杯通过细孔径塑料管连通后组合成一套可以提供稳定水头的补水装置。滴定管的出水口与底端温度控制盘的补水管相连通,补给水分从烧杯—滴定管流出途经连接管流至底端温度控制盘上表面的蓄水凹槽,为试件提供水分补给。补给装置置于恒温恒湿养护箱内,补水水分的温度保持为 +5℃。补水装置如图 3-15 所示。

a)外部补水装置　　　　b)补水水槽

图 3-15　补水装置

3.2.5 加载系统

本试验系统采用气动装置施加竖向荷载,加载系统由气泵、精密减压阀、过滤器、手杆阀和低摩擦汽缸组成,如图 3-16 所示;气压输出设备的参数见表 3-4。

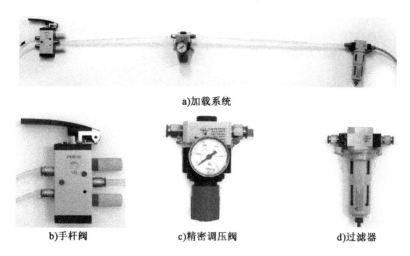

图 3-16　气压调节系统

加载系统基本参数　　　　　　　　　　　　　　　表 3-4

参数	输出压力(kPa)	最大行程(mm)	缸径(mm)	作动形式
值	0~150	100	80	低摩擦

汽缸活塞杆的杆端是不平滑的螺纹口,不便于气动荷载的输出,因此设计加工了一个钢质压头(图 3-17)用于传递汽缸的输出压力。

图 3-17　转换压头

该压头的半球形顶端可以嵌入顶端温度控制盘的半球形承压凹槽,球形凸起压头与球形凹压槽在实现竖向荷载传递的同时避免离心偏压现象的发生。

3.2.6 数据采集系统

室内冻胀试验系统的数据采集子系统由温度热电偶传感器、LVDT 位移传感器、压力传感器和 DT80G 数据采集仪组成。

(1) T 形热电偶温度传感器

OMEGA 公司生产的 TT-T-30 型 T 形热电偶的测量范围是 $-200℃ \sim +260℃$，精度为 $±0.05℃$，满足冻胀试验的测试要求。图 3-18 所示为试验用热电偶。

a) 热电偶线 b) 探头

图 3-18 T 形热电偶

(2) LVDT 位移传感器

室内冻胀试验系统选用阜新福传传感器有限公司生产的 FXg-811±25 型位移传感器，最大量程为 50mm，精度为 $±0.2\%$ mm，满足试验要求。LVDT 位移传感器的导杆与顶端温度控制盘顶面相接，通过监测顶端温度控制盘的位移得到土体的冻胀变形。图 3-19 所示为 LVDT 布置。

(3) 压力传感器

为了保证室内冻胀试验过程中上覆荷载的稳定性，需要通过压力传感器实时监测试验过程中试件顶端受到的上覆压力值。常规的压力传感器无法安装在室内冻胀试验系统上。根据现有装置的布置形式和容许空间自主设计一个可以放置在汽缸活塞和顶端温度控制盘之间的压力传感器，如图 3-20 所示。

图 3-20 所示的压力传感器可以实现与汽缸活塞杆压头和温度控制盘凹槽的紧密连接。该压力传感器的量程是 $0 \sim 150$ kPa，精度 $±0.1$ kPa，输出信号 30mV，信号可直接被 DT80G 接收和读取。

(4) DT80G 数据采集仪

DataTaker 公司生产的 DT80G 智能可编程数据采集仪(图 3-21)可用于实时采集温度、电压、电流、$4 \sim 20$ mA 电流环、电阻、应变桥、应力应变、频率、数

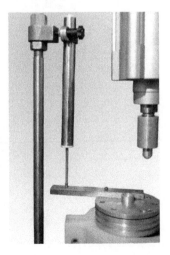

图 3-19 LVDT 布置

字等信号。室内冻胀试验过程中由热电偶采集的温度的输出信号是温度,而由 LVDT 采集的变形信号以及由压力传感器采集的压力信号的输出都是电压,为此,DT80G 完全可以满足室内冻胀试验系统的数据采集要求。

图 3-20　改进的压力传感器外观　　　图 3-21　DT80G 数据采集仪

DT80G 智能可编程数据采集仪的测试范围为 ±300mVdc,分辨率 2.5μV,精度为 0.1%(满量程读数的精度为 ±0.01%),最大采样频率 25Hz。

3.3　冻胀试验系统的集成与操作

3.3.1　试验系统的集成

将各子系统组合连接后得到完整的室内土体冻胀试验系统,如图 3-22 所示。

a)土体冻胀试验系统外观　　　b)试验台外观

图 3-22　土体冻胀试验系统

1-试验台;2-恒温恒湿箱;3-循环冷浴;4-气泵;5-绝热保温环;6-反力架;7-汽缸;8-气压压头;9-补水装置

本章设计研制的室内冻胀试验系统充分考虑了应力状态、温度条件和补水状态对冻胀变形的影响,结合先进的温度和位移监测仪,实现对土体冻结过程中温度分布和冻胀变形的动态监测,为深入探索土体的冻胀机理提供了技术保障,促进土体冻胀机理的研究。该试验系统的基本参数见表3-5。

冻胀试验系统的基本参数　　　　　　　　　　表3-5

参数	控温方式	控温范围（℃）	控温精度（℃）	补水方式	变形测量精度(%)	荷载范围（kPa）
值	上下两端分别控温	−30～+90	0.5	开放体系/封闭体系	±0.2	0～150

本章研制的土体冻胀试验系统可通过温度边界、载荷大小、补水与否以及试件高度的选择设定多种工作状态,试验模式和数据采集功能都满足设计初期拟定的基本要求。实际上该系统是一个多功能的适用于多孔材料的双边可控的冻胀与融沉试验装置,可以实现的试验内容有以下5种。

(1)单向冻结条件下多孔材料的冻胀试验。模拟季节性冻土及人工冻土的冻结过程,可以分别对试件从上至下、从下至上进行冻结。此外,补水系统的开放可以分别进行开放系统和封闭系统状态下的冻胀试验。

(2)双向冻结条件下多孔材料的冻胀试验。模拟多年冻土融化层的冻结过程,从试件顶端和低端同时进行冻结。

(3)单向融化条件下多孔材料的融沉试验。可对已经冻结的多孔材料分别从上至下、从下至上开始融化,监测单向融化过程中多孔材料的温度场和变形场。

(4)双向融化条件下多孔材料的融沉试验。可从顶端和低端同时对已经冻结的多孔材料进行融化试验,监测双向融化过程中多孔材料的温度场和变形场。

(5)多孔材料的冻融试验。通过设置温度边界实现对多孔介质材料的冻结和融化交替的冻融循环试验,监测冻融循环作用下多孔材料的温度场和变形场。

3.3.2　试验系统的操作

1)试件的制备流程

在进行土体冻胀试验之前,参照《土工试验方法标准》(GB/T 50123—2019)中的"试样制备和饱和"条款,按照如下流程制备土体试件。

(1)土样的准备

首先,按照试验用土的基本物理参数,计算试验用试件所需的土样质量[见式(3-2)和式(3-3)]和拌和用水量[见式(3-4)],并称取相应质量的土样和拌和用水备用。然后,用喷雾器将拌和用水均匀地洒布在土样内部,并用拌和铲不停地翻动土样,保证添加的水分均匀地分布在土样中。最后,将拌和好的满足最佳含水率的土样密封(闷料),置于+2℃的养护箱内6h,以保证拌和水与土样充分拌和。

$$m_{干土} = VC_0\rho_d \tag{3-2}$$

式中:$m_{干土}$——干土质量,g;
   V——试件体积,cm³;
   C_0——试件压实度;
   ρ_d——土样干密度,g/cm³。

$$m_{天然土} = m_{干土} \times (1 + w_{天然土}) \tag{3-3}$$

式中:$m_{天然土}$——天然土的质量,g;
   $w_{天然土}$——天然土含水率,%。

$$m_{水} = m_{干土} \times (w_{最优} - w_{天然土}) \tag{3-4}$$

式中:$m_{水}$——拌和用水的质量,g;
   $w_{最优}$——土体的最佳含水率,%。

(2)试件的成型

首先,将凡士林均匀地涂抹在成型模具的内壁。其次,将准备好的土样少量多次地均匀地装入成型模具内。然后,在土样顶面铺一张滤纸,并将控制试件高度的垫片安置妥当。最后,采用千斤顶进行压密,静压30min。

(3)试件的饱和

首先,采用脱模仪完成试件的脱模,得到成型好的土体试件。其次,将试件装入饱和器内,并在试件顶面和底面铺垫滤纸。然后,将饱和器整体装入真空饱和装置内,连接好真空饱和装置后通过真空泵将饱和桶内的压力降至0.08kPa。然后,打开注水管,使饱和桶内的水位盖过饱和器顶面,静置8min。最后,打开泄压阀,取出饱和器。

(4)试件的养护

首先,将饱和后的试件与饱和器一同放入密封保鲜袋内,避免水分流失。然后,连通密封袋将饱和器和试件放入湿度为98%、温度为5℃±0.5℃的恒温恒湿养护箱内。最后,待试件在恒温恒湿养护箱内养护6h后,将试件从饱和器内取出,得到试验用试件。

2)试验的操作流程

土体冻胀试验系统的基本操作流程如下:

(1)试件基本参数测试

从养护室内取出待测试件,测试试件的初始高度和初始质量,并记录在试验记录表中。

(2) 热电偶的埋设

试件脱模后从试件侧面沿重力方向每隔2.5cm埋设一个T形热电偶,埋置深度为1.5cm;并在试件顶面和底面中心处各放置一个热电偶。然后借助承膜筒在试件外壁套上土工乳胶膜。

(3) 试件的装配

将试件上下两端分别粘贴一张滤纸后放置一块透水石,然后将试件置于底端温控盘上,并将顶端温控盘置于试件顶端的透水石上。同时用高弹密封圈将乳胶膜固定在温度控制盘的两个凹槽内,保证土体处于密封环境。最后将保温绝热环装配在试件外侧。

(4) LVDT 和气动压头的连接

调整 LVDT 夹具的方向和高度,使位移计的探头刚好置于顶端温控盘的位移传导杆的凹槽内。同时对 LVDT 的输出信号进行标定并记录标定结果。此外,将压力传感器置于顶端温控盘的凹槽内,并调整汽缸的活塞杆,使传力压头刚好置于压力传感器顶面。

(5) 启动数据采集系统

启动 DataTaker 测试温度、压力和位移传感器的传输信号,设定采集频率开始测量。

(6) 启动高低温恒温液循环装置

按照试验设计要求,分别设置控制上下两个温度控制盘的冷浴循环系统,待冷浴循环系统温度稳定后开始试验。

(7) 停止试验

待试件的冻胀变形趋于稳定后,关闭各设备,停止试验。

(8) 含水率的测试

取出已经冻结的土体试件,按照1.5cm的间隔分层取样,测试各层位土样的质量含水率。完成试验。

3.4 冻胀试验系统的测试与评价

在土体冻胀试验系统投入使用前,通过3组单向冻结条件下粉质黏土的冻胀试验测试该系统的稳定性和可用性。进一步地,对该试验系统的特色和创新进行了总结。通过一系列的粉质黏土冻胀测试试验,验证室内冻胀试验系统的适用性和稳定性。室内冻胀试验系统的研发,不仅为土体冻胀试验提供了研究基础,更进一步对土体冻胀机理的研究和土体冻胀过程的预估起到促进作用。

3.4.1 单向冻结试验测试

测试试验用土取自哈尔滨市,为典型的粉质黏土。试验用试件高度为 $150mm \pm 5mm$,采用静压法成型(最佳含水率为 16.33%),压实度为 98%,试件成型后进行真空饱水处理,保证试件处于饱和状态。试验过程中顶端温度边界为 $-25.0℃$,底端温度边界为 $+5.0℃$,监测开放体系下土体的冻胀过程。

冻结过程中,LVDT 和 T 形热电偶的数据采集频率为 30min/次,位移和温度数据可以在 PC 端实时读取和查看。LVDT 测试的竖向变形表征土体的冻胀变形,当冻胀变形趋于稳定不再增长后结束试验。试验完成后土体试件的侧表面会出现不同程度的、不均匀分布的垂直于轴线方向的冰透镜体[图 3-23a)],将试件破碎后可以更清晰地观察到夹冰层的存在[图 3-23b)]。

a)试件表面的冰透镜体　　　　　　b)试件内部的冰透镜体

图 3-23　冻胀试验后的冰透镜体形态

由图 3-23 可以看出,基于本书自主开发的室内冻胀试验系统,对饱和粉质黏土进行室内冻胀试验研究,观察到了显著的冰分凝现象。这说明该试验系统的密封性和补水效果十分优越,该试验系统可以实现对土体冻胀的真实模拟。

在室内冻胀试验中,除了土体试件外观上的改变之外,试件的温度和冻胀变形随时间的变化情况是更值得关注的。基于此,分析试验测试结果,将温度和变形数据分别绘制于图 3-24~图 3-26。

图 3-24 给出不同土体试件在不同时间点处温度沿深度的分布曲线,说明土体冻结过程中温度沿深度方向的分布是随时间和试验条件的不同而不同的。土体冻结过程中,随着冻结时间的推移,温度沿深度的分布曲线逐步向左下方移动,即整个土体试件都在逐渐经历降温过程。两组试验对应的温度沿深度的分布规律和移动趋势一致,但分布曲线的移动速度、试件两端的温度差以及达到稳定状态时不同深度处的温度是有差别的。

第3章 土体冻胀试验系统的研发

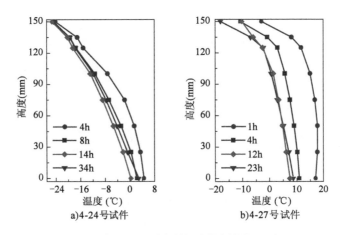

a) 4-24号试件

b) 4-27号试件

图 3-24 温度场沿深度分布情况

图 3-25 给出不同土体试件不同位置处温度随时间的变化情况,说明土体冻结过程中各土层温度随时间的变化是随试验条件不同而不同的。各土层温度随时间的变化规律基本一致,都是在经历降温后逐渐趋于稳定。上述数据分析表明,该试验系统的温度采集精度和采集频率可以较好地反映土体的温度分布规律。

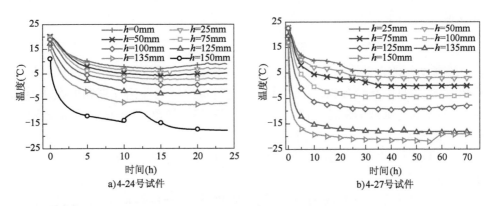

a) 4-24号试件

b) 4-27号试件

图 3-25 不同冻结温度条件下温度随时间的变化曲线

图 3-26 给出冻结过程中不同土体试件的冻胀变形随时间的变化,说明土体冻结过程中最大冻胀变形以及冻胀稳定时间随试验条件的不同而不同。各试件的冻胀发展规律基本一致,早期的增长速率较快,而后逐步减缓,最后达到稳定状态不再增长。此外,计算测试试验试件的冻胀率,结果见表 3-6。

59

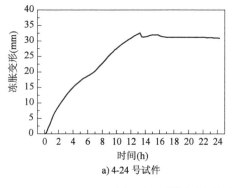 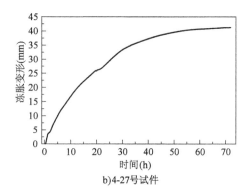

a) 4-24号试件　　　　　　　　　　b) 4-27号试件

图 3-26　不同试验条件下冻胀变形随时间的变化曲线

测试试验得到的土体冻胀率　　　　　　　　　表 3-6

试 验 组	4-24 号	4-27 号
冻胀率(%)	12.6	21.3

4-27 号试件的实测冻胀率为 21.3%,实现常规粉质黏土在特殊试验条件下冻胀率超过 15% 的冻胀试验。通过试验结果对冻胀变形发展的监测说明,该试验系统的位移监测精度和采集频率可以较好地反映出土体冻胀变形的发展规律。根据上述试验结果可知,土体冻胀试验系统的冻结效果非常好,数据采集系统稳定可靠,冻胀效果优越,满足土体冻胀试验的基本要求,可以投入使用。

3.4.2　试验系统的特点

本章研制的土体冻胀试验系统,是在参考现有冻胀仪的基础上取长补短自主研发的,该试验系统各构件的设计都是进行过严密的理论计算和方案比对确定的,基于如此细致的设计才研制出功能完备、操作简单、性能稳定的试验系统。现将该试验系统的特点总结如下:

(1)该试验系统能够测试多种多孔材料在多种冻结、融化及冻融组合情况下的材料特性。

(2)该试验系统具有底端补水、侧向绝热、顶端施压等功能,能够最大限度地模拟多孔材料实际的工作状态。

(3)该试验系统能够实现温度场、变形场、竖向压力的实时监测,为评价多孔材料的冻结、融化特性提供技术手段。

(4)该试验系统操作简单,试验过程的物理意义明确,能够得到较好的试验效果。

3.5 本章小结

本章在分析土体冻结过程的基础上,提出了土体冻胀试验系统的基本要求,构建了冻胀试验系统的构件组成和功能设计;进一步地,基于前期调研开展详细的构件设计,在确保设计图纸可靠的前提下,加工得到试验系统各组成部分;进而,在完成加工和采购工作后,将室内冻胀试验系统的各组成部分组合集成,构建得到了自主研发的室内土体冻胀试验系统。

本章研发的室内土体冻胀试验系统充分考虑了上覆压力、温度条件和补水状态对冻胀发展的影响,改进了试验系统的控温能力、密封效果和补水装置;提供了多种冻结/融化试验工况,实现了温度、压力和补水的程序化控制;结合先进的温度传感器、位移监测仪实现了对土体冻结过程中温度分布和冻胀变形的动态监测。室内土体冻胀试验系统的研发,不仅提高了试验材料和试验过程的可控性,而且保证了冻胀试验的重现性和规律性,提高了工作效率。

(1)为了研究土体冻结过程中的温度分布特征和冻胀发展规律,自主设计并研发了多功能土体冻胀试验系统。该系统可以实现对温度荷载、上覆压力和水分补给的精确控制,并可对试验条件进行线性调节。

(2)以哈尔滨粉质黏土为例,初步开展了不同冷端温度作用下的土体冻胀试验,通过对试验现象的观测和试验结果的分析,验证了室内土体冻胀试验系统的有效性和可靠性,结果表明各项测试参数均达到预期目标。

(3)室内土体冻胀试验系统可以满足多种多孔材料在多种冻融工况条件下的试验需求,功能完备、操作简单、性能稳定,可实现温度荷载和上覆压力的线性条件和分级加载,并可得到很好的试验效果。

第4章 饱和粉质黏土的季节性冻胀规律

在季节性冻土地区,冰冻作用会导致冻土路基产生冻胀变形,诱发路基冻胀和路面冻害。在公路路基的设计和使用过程中,需要考虑冻胀作用对路基路面结构强度和耐久性的影响。为了分析季节性冻土地区路基土冻胀变形的影响因素和发展规律,基于自主研发的土体冻胀试验系统,针对东北地区路基工程中应用最广泛的粉质黏土,开展多种工况下饱和粉质黏土的冻胀试验研究。

本章在综合考虑水温状况和上覆压力对土体冻胀影响的基础上,进行不同压实度、不同冷端温度、不同补水条件、不同上覆压力作用下饱和粉质黏土的室内冻胀试验研究。在室内冻胀试验中,实时监测土体冻结过程中不同土层的材料温度和试件的竖向变形,分析土体冻结过程中的温度分布特征和冻胀发展规律,研究土体冻结过程中温度-渗流-变形的相互作用和冻胀规律。

4.1 试验概况

4.1.1 试验土样及试件制备

试验用土取自哈尔滨市,土样如图4-1所示;采用Winner2308A激光粒度仪分析试验用土的级配,如图4-2所示。根据《土工试验方法标准》(GB/T 50123—2019)中的"液、塑限联合测定法"在试验室内得到试验用土的液限、塑限及塑性指数分别为36.98%、25.19%和11.79%。根据《土工试验方法标准》(GB/T 50123—2019)中的"击实试验"方法,试验用土击实曲线的测试结果如图4-3所示,测试土样的最佳含水率为17.4%,最大干密度为1740kg/m³。土体参数汇总于表4-1。

图4-1 试验用土

第4章 饱和粉质黏土的季节性冻胀规律

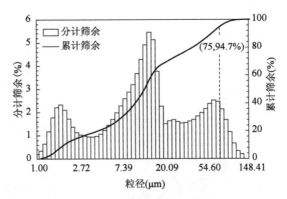

图 4-2 试验用土的级配曲线

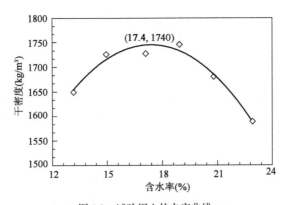

图 4-3 试验用土的击实曲线

试验用土的材料参数　　　　　　　　表 4-1

相对密度	液限(%)	塑限(%)	塑性指数	最大干密度(kg/m³)	最佳含水率(%)
2.75	36.98	25.19	11.79	1740	17.4

根据上述土体参数的测定结果可知,试验用土是典型的粉质黏土,细粒含量为 94.7%,土体的冻胀敏感性较显著。室内冻胀试验用土体试件为直径 100mm、高 150mm±5mm 的圆柱体;试件成型方式为压密法,压密装置如图4-4所示,通过活塞将土样压密满足设定的压实度要求。

4.1.2 试验方案

季节性冻土的冻胀问题是制约寒区基础工程建设和服务寿命的关键,冻结过程中土体冻胀变形的发展与材料参数、温度荷载、上覆压力及补水条件等紧密相关,土体在不同环境条件下会表现出不同的冻胀特性。为了分析季节性冻土冻胀变形的影响因素和发展规律,在单向冻结条件下对饱和粉质黏土开展不同试验条件下的室内冻胀试验研究。据此,按照不同的冷端温度、上覆压力、初始压实度、补水方式4个参量设计试验分组,而各参量选择的变量需要依据下述分析确定。

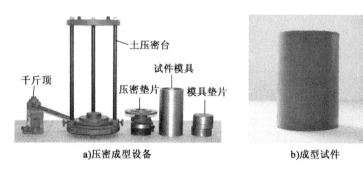

a) 压密成型设备　　　　　　b) 成型试件

图 4-4　压密法成型设备及成型试件

(1) 冷端温度

土体冻结过程中,冷端温度直接决定土体内部的温度梯度、冻结速率、冻结程度和冻胀特性,为此需要选择不同的冷端温度开展试验。参考我国季节性冻土地区的极端低温,选择 -25℃、-20℃ 和 -10℃ 三组温度作为冷端温度的比对变量。

(2) 上覆压力

在实际的公路工程建设过程中,路基通常存在两种工作模式:第一种是路基铺筑完成后已经进入不利于施工的秋冬季节,工程建设就此停止;因此铺筑好的路基在没有上部结构层覆盖的情况下,直接裸露在路床表面,经受极端负温的作用;第二种是在路面修筑完成之前,路基没有单独经历越冬期,而是与路面作为一个整体经受极端负温的作用。第一种情况中,路基上表面是自由边界,不存在上覆荷载,此时路基受到的上覆压力为0。第二种情况中,路基上表面与路面结构相连,受到来自上部结构的竖向荷载作用,计算表明在工作状态下路面表面受到的上覆压力为 25~35kPa;此外,考虑重载交通对上覆压力的附加作用,在行车荷载作用情况下路基表面上覆压力最大值为 80kPa[11]。综上所述,确定 0、30kPa 和 60kPa 为上覆压力的3个变量。

(3) 初始压实度

在路基施工过程中,按照道路等级、填挖方状态等因素需要将路基土的压实度控制在 87%~95%;而试验室内能实现的最大压实度为 98%。基于此,按照等差法拟定 86%、92% 和 98% 为初始压实度的3个对比变量。

第4章 饱和粉质黏土的季节性冻胀规律

(4)补水方式

土体冻结过程中,水分的补给方式直接影响水分的迁移速率和迁移效率,进而影响冻胀速率和冻胀率。为此,依据冻胀试验中常用的开放系统和封闭系统两种补水模式,选择阶段补水和全程补水作为不同的补水方式。

依据上述变量选取结果,分别选择3个冷端温度、3个上覆压力、3个压实度和两个补水方式开展系统的试验研究。首先,对于补水冻胀试验,按照冷端温度、上覆压力和压实度3个影响因素,根据正交实验设计法进行试验方案的设计;然后,对不补水冻胀试验,进行单因素轮换法设计试验方案;试验方案见表4-2。鉴于此,参照2.3.2节计算不同压实度土体试件的土水用量,见表4-3。

正交试验方案设计 表4-2

分 组	冷端温度(℃)	上覆压力(kPa)	压实度(%)	补水方式
L-1	−25	0	98	开放体系
L-2		30	92	
L-3		60	86	
L-4	−15	0	92	
L-5		30	86	
L-6		60	98	
L-7	−5	0	86	
L-8		30	98	
L-9		60	92	
A-1	−25	0	92	封闭体系
A-2		30	92	
A-3		60	92	

不同压实度试件的土水用量表 表4-3

压实度(%)	干土(g)	天然土(g)	水(g)
98	2008.9	2069.2	289.3
92	1885.9	1942.5	271.6
86	1762.9	1815.8	253.9

在开展室内土体冻胀试验过程中,由于冷浴装置的循环管道受到试验室环境温度的影响较大,试验系统温度控制盘的温度变异性较大。为此,基于正交试验方案,结合实际操作共开展16组室内冻胀试验,具体试验参数见表4-4。

饱和土冻胀试验分组　　　　　　表 4-4

编号	冷端温度（℃）	暖端温度（℃）	温度梯度（℃/mm）	上覆压力（kPa）	压实度（%）	补水方式
1	-23.0	3.5	0.177	30	98	阶段补水
2	-17.0	8.0	0.167	0	98	全程补水
3	-21.5	5.0	0.177	0	98	全程补水
4	-24.0	2.5	0.177	30	98	全程补水
5	-23.0	7.5	0.203	0	92	全程补水
6	-23.0	10.0	0.220	30	92	全程补水
7	-17.0	13.0	0.200	0	86	全程补水
8	-9.5	10.0	0.130	0	86	全程补水
9	-22.0	8.0	0.200	30	86	全程补水
10	-6.5	11.0	0.117	0	98	全程补水
11	-16.0	7.0	0.153	0	92	不补水
12	-19.0	7.0	0.173	60	92	全程补水
13	-16.0	5.0	0.140	0	92	全程补水
14	-15.0	6.0	0.140	0	92	阶段补水
15	-20.0	5.0	0.167	60	92	不补水
16	-15.0	7.5	0.150	30	98	全程补水

注：室内试验过程中，1号试件的阶段补水制度为：0～4h关闭补水系统，4～23h开放补水系统。14号试件的阶段补水制度为：0～16h关闭补水系统，16～92h开放补水系统。

4.2　正冻土的温度分布规律

冻土路基中的温度分布是影响路基稳定性、结构强度以及耐久性的重要因素，土体冻结过程中不同深度的温度是随时间不断变化的，温度的变化因冷端温度、暖端温度、压实度、上覆压力以及补水条件等的不同而不同。基于室内冻胀试验得到的温度实测数据，依次对温度分布进行时域分析和空间分布规律研究。

4.2.1　温度的时域分析

土体冻结过程中，温度随时间的变化具有一定规律。在试件内从上至下埋设八支温度热电偶，埋设位置依次为：0.25mm、50mm、75mm、100mm、125mm、135mm、150mm。图4-5所示为不同试验条件、不同深度温度随时间的变化。

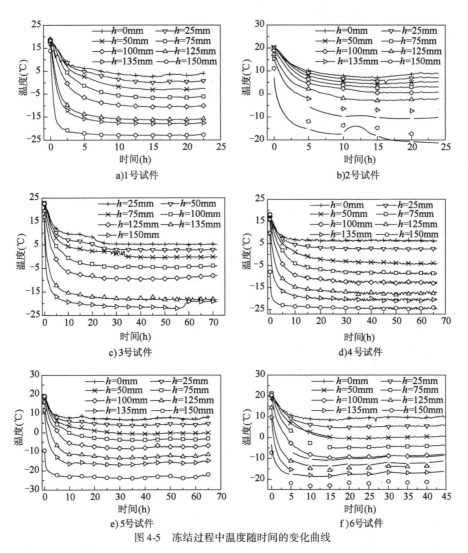

图 4-5　冻结过程中温度随时间的变化曲线

由图 4-5 可知：

（1）不同试验条件下温度随时间的变化趋势一致，温度梯度和稳定时间不同。土体冻结过程中，试件从顶端向下逐步冻结，直至来自冷端和暖端的热量达到平衡，试件内温度达到稳定状态。

（2）试件内部温度分布稳定后，各层位温度随深度的增加而升高。即随着深度的增加，冷端温度对材料温度的影响逐渐减小。

（3）降温过程中，距离试件顶端越近，降温速率越快，即温度梯度越大，达到稳定状态的时间越短。这是由于冻结从上至下发展,负温的传递从试件顶面逐步向底面推进,冷量在传递过程中逐渐被吸收和耗散,温度梯度随深度的增大而减小;冷量传递的时效性决定下层材料温度改变的滞后性。

按照土体的冻结程度,可以将试件从上到下划分为已冻土、正冻土和未冻土,正冻土和未冻土之间、不断移动的界面称为冻结锋面。冻结锋面与孔隙水的冻结温度等温线相重合,因此,可以将0℃等温线等效为冻结锋面。冻结锋面位置坐标与试件高度的差值等于试件的冻结深度。根据土体冻结过程中温度分布随时间的变化情况,通过插值法得到冻结锋面和冻结深度随时间的变化情况,如图4-6所示。

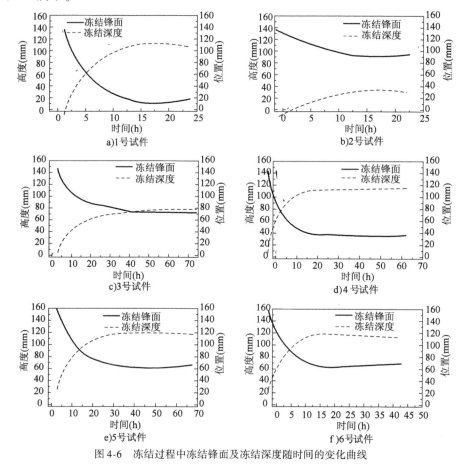

图4-6 冻结过程中冻结锋面及冻结深度随时间的变化曲线

由图4-6可知,土体冻结过程中,随着冻结时间的增长,冻结锋面的位置从上至下逐步移动;冻结初期,冻结锋面的移动速度最大(斜率最大),而后逐渐减小,直至冻结后期冻结锋面不再移动,达到稳定状态。与此对应,冻结深度随着冻结时间的增长逐渐增大;冻结初期,冻结深度的增长速度(斜率)最大,而后逐步减小,直至冻结后期冻结深度不再增长,达到稳定状态。冻结稳定后,冻结锋面所在位置处的土体同时受到来自顶端的负温和来自底端的正温的热量,两者相等。这是冻结锋面不再移动的内在原因。

不同试验条件下冻结锋面的和冻结深度随时间的变化趋势是一致的,但冻结锋面的移动速度、冻结深度的增长速度和达到稳定状态的时间是不同的。根据冻结锋面位置与冻结深度的关系以及上述试验结果可知,冻结锋面的移动速度和冻结深度的增长速度是呈正相关的。冻结锋面移动越快,冻结深度的增长越快;冻结锋面移动变缓时,冻结深度的增长也相应减慢;冻结锋面稳定不变时,冻结深度也不再改变。而冻结锋面和冻结深度达到稳定状态所需的时间以及达到稳定状态时冻结锋面的位置和冻结深度的具体数值,与冷端温度、暖端温度、压实度、上覆压力以及补水方式等条件有关,是多个因素共同作用的结果。

4.2.2 温度的空间分布

土体冻结过程中,温度沿深度的分布具有一定的规律;图4-7所示为不同试验条件下不同时间点土体试件温度沿深度的分布情况。

由图4-7可知,土体冻结过程中,随着冻结时间的推移,温度沿深度的分布曲线逐步向左下方移动,也即整个土体试件都在逐渐经历降温过程。以1号试件为例:$t=2h$时,负温区(小于0℃区域)约占整个试件高度的三分之一;$t=4h$时,负温区范围扩大至整个试件高度的二分之一;$t=10h$后,土体的冻结趋于稳定,冻结锋面移动缓慢,甚至不再移动,试件的90%已经冻结。

不同试验条件下温度沿深度的分布规律和移动趋势一致,但曲线的移动速度、试件两端的温度差以及达到稳定状态时不同深度处的温度是不同的。这与试验的冷端温度、暖端温度、试件的压实度、上覆压力以及补水方式有关。

4.2.3 影响因素分析

土体冻结过程中温度的分布与试验条件和试件状态直接相关,为了明确各因素对温度分布的影响效应,基于粉质黏土的室内冻胀试验结果,对土体冻结过程中温度的分布情况进行单因素敏感性分析。将冻结达到稳定状态后的已冻土作为研究对象,分析补水条件、压实度、冷端温度和上覆压力对冻结锋面以上区域内(已冻土)温度沿深度分布的影响效应。

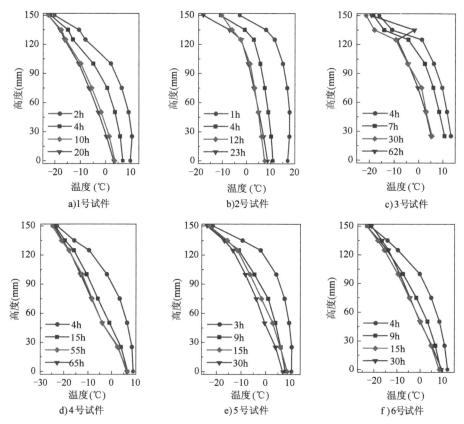

图 4-7 冻结过程中温度沿深度的分布曲线

1) 冷端温度

在粉质黏土冻胀试验中，7 号试件和 8 号试件、4 号试件和 16 号试件满足压实度、上覆压力和补水条件相同，冷端温度不同的单因素敏感性分析条件。7 号试件、8 号试件、4 号试件和 16 号试件的冷端温度分别为 -17.0℃、-9.5℃、-24.0℃ 和 -15℃。参考温度监测结果，分别在正冻阶段和稳定阶段选择两个时间点，对温度沿深度的分布情况进行比较。其中，7 号和 8 号试件组合选择的时间点为 35h 和 55h，4 号和 16 号试件组合选择 4h 和 22h。此外，采用插值法，计算选定时刻冻结锋面的位置（0℃ 线位置）。基于此，得到冻结锋面以上区域内，温度沿深度的分布曲线，如图 4-8 所示。

由图 4-8 可知：

(1) 冷端温度越低，土体试件的冻结深度越大。图中温度等于 0℃ 的点对应的高度是对应时刻冻结锋面的位置；图中对应 4 种试验条件下 4 个时刻的试验结果均表明,在同一时刻,冷端温度越低冻结锋面越靠近试件底端,冻结深度越大。

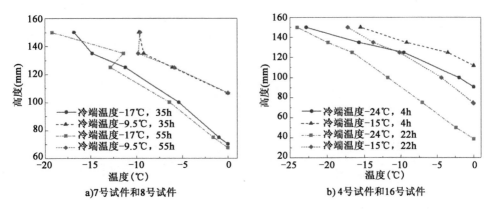

图4-8 冷端温度对温度沿深度分布的影响

(2)冷端温度越低,土体试件的冻结速率越大。相同时间间隔内,冷端温度越低,温度曲线向下移动的距离越大,即土体试件的冻结发展越快,说明冷端温度越低,冻结锋面的移动速度越快,土体的冻结速率越大。

综上所述,冷端温度是控制土体冻结发展的主要因素,冷端温度直接决定土体的冻结速率和冻结深度。

2)补水条件

在室内冻胀试验中,1号试件和4号试件、12号试件和15号试件的冷端温度、压实度和上覆压力均相同,区别在于两者的水分补给状态。首先,1号试件在冻结初期开放补水系统3.5h,而后关闭补水系统,开始无补水冻结;4号试件冻结过程中全程开放补水系统。即1号试件的冻结过程属于半开放半封闭系统,4号试件的冻结过程属于开放系统。12号试件在冻结试验过程中全程补水,属于开放体系;15号试件在冻结试验过程中没有提供水分补给,属于封闭系统。参考上述4组试验的温度监测结果,分别在正冻阶段和稳定阶段选择2个时刻,对温度沿深度的分布情况进行对比分析。其中1号试件和4号试件组合选择的时间点为4h和22h,12号试件和15号试件组合选择的时间点为8h和30h。同样采用插值法计算对应时刻冻结锋面的位置,得到不同补水条件下,已冻土和正冻土区内温度沿深度的分布,如图4-9所示。

由图4-9可知:

(1)温度梯度相同时,水分补给越充分,土体的冻结深度越小。1号试件和4号试件的初始温度梯度均为0.177℃/mm;图4-9a)中,同一时刻,阶段补水试件的冻结锋面位置低于全程补水试件冻结锋面的位置,即前者的冻结深度大于后者的冻结深度。

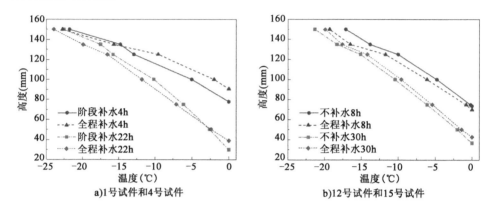

图 4-9 补水条件对温度沿深度分布的影响

(2) 冻结过程中,水分补给越充分,土体的冻结速率越小。冻胀试验达到稳定状态时,在相同冻结时间内,全程补水试件的冻结深度小于阶段补水试件和不补水试件的冻结深度。因此,全程补水试件的冻结速率小于阶段补水试件和不补水试件的冻结速率。

(3) 土体含水率越低,冻结锋面的位置越靠近暖端,未冻土的厚度越小。图 4-9a) 中,当 $t=4h$ 时,1 号试件的顶面温度高于 4 号试件顶面温度,在温度梯度相同的情况下,1 号试件的冻结深度应该小于 4 号试件的冻结深度。但结果显示,当 $t=4h$ 时,1 号试件的冻结深度大于 4 号试件的冻结深度,两条温度曲线相交于 $h \approx 132mm$ 处。究其原因是 1 号试件冻结过程中补水条件不充分导致土体含水率低于 4 号试件的含水率,土体冻结过程中相变潜热对温度传递的影响相对较小,因此对应的冻结深度较大。此外,不难发现 $t=22h$ 时对应的温度曲线表现出的规律与上述分析一致,因此,土体含水率越低,未冻土厚度越小。

综上可知,不同时间点上,补水条件对温度沿深度分布的影响效应是相同的。在试验条件相同的情况下,水分补给越充分,冻结锋面的移动速度越慢,冻结深度越小。导致这一现象的主要原因是水相变为冰的过程释放的潜热削弱来自冷端的冻结作用,即土体含水率越多,释放的潜热越多,土体的冻结(降温)越缓慢,冻结锋面的移动速度越慢,相应的冻结深度随之减小,未冻土厚度随之增加。

3）上覆压力

在粉质黏土室内冻胀试验中,5号和6号试件满足上覆压力的单因素敏感性分析条件。5号试件没有施加上覆荷载;6号试件的上覆压力为30kPa。参考试验结果,选择两个时间点(6h和40h)进行温度分布情况的对比,同时参考对应时刻的冻结锋面位置,得到不同上覆压力作用下已冻土和正冻土区内温度沿深度的分布曲线,如图4-10a)所示。此外,7号和9号试件的压实度和补水条件相同,冷端温度和上覆压力不同,基于3.2.3节中冷端温度对温度分布的影响分析,同样可以分析上覆压力对温度分布的影响。与7号和9号试件对应的温度沿深度的分布情况如图4-10b)所示。

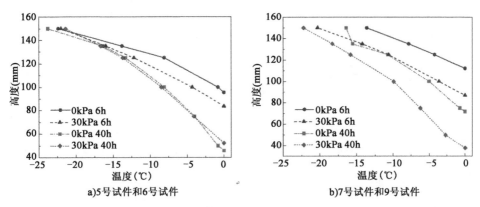

a)5号试件和6号试件　　　　b)7号试件和9号试件

图4-10　上覆压力对温度沿深度分布的影响

由图4-10可知:

(1)土体冻结过程中,冻结锋面的位置主要与冷端温度有关。图4-10b)中,冷端温度低的(9号试件)冻结锋面低于冷端温度高的(7号试件)冻结锋面;说明冷端温度相差较大时,上覆压力对温度分布的影响不显著。

(2)上覆压力对冻结速度的影响不显著。图4-10a)中,相同冻结时间内,5号试件冻结深度的增量大于6号试件;由于5号试件的冷端温度低于6号试件的冷端温度,可知,上覆压力对冻结速率的影响不显著。与此同时,图4-10a)中7号试件和9号试件冻结深度的发展趋势也证明了这一点。

因此,上覆压力对温度分布的影响可以忽略。

4）压实度

2号试件和7号试件满足冷端温度、上覆压力和补水条件相同,压实度不同的条件,2号试件和7号试件的压实度分别为98%和86%。参考温度监测结果,选择17h和22h两个时刻分析不同压实情况下,已冻土和正冻土区内温度沿深度的分布如图 4-11a)所示。此外参考 3.2.3 节的结论,4 号试件和 6 号试件、5 号试件和 7 号试件、6 号试件和 16 号试件的试验条件可以分析压实度对温度分布的影响,如图 4-11b)~d)所示。

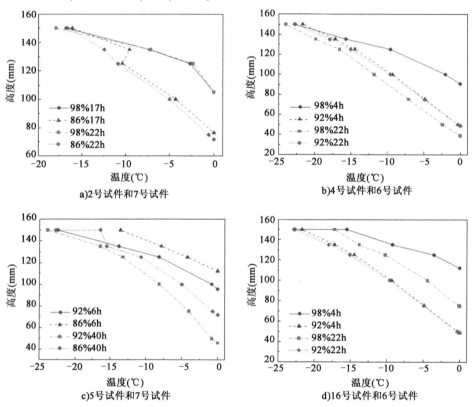

图 4-11 压实度对温度沿深度分布的影响

由图 4-11 可知:冷端温度相同时,压实度越大,冻结深度越小。图 4-11a)中,$t=17h$ 和 $t=22h$ 对应的两组温度曲线均表现出相同的发展趋势;在同一时刻,2 号试件和 7 号试件的冷端温度基本相同,但 7 号试件的温度曲线始终在 2 号试件温度曲线的左侧,说明 7 号试件的温度低于 2 号试件对应位置的温度;同时,在同一时刻,7 号试件的冻结深度明显大于 2 号试件的冻结深度;说明压实度越大,负温的传递距离越小,土体的冻结深度越小。图 4-11b)中,$t=4h$ 对应的 4 号试件的冷端温度低于 6 号试件的冷端温度,但 4 号试件的冻结深度却小于 6 号试件的冻结深度;说明压实度增大时,土体的冻结深度相应减小。图 4-11d)中,$t=4h$ 对应的 16 号试件的冷端温度低于 6 号试件的冷端温度,与其对应的 16 号试件的冻结深度明显小于 6 号试件的冻结深度;说明冻结深度随着压实度的增大而减小。

综上所述,不同时间点上,不同工况组合情况下,压实度对温度沿深度的影响效应是相同的。在试验条件相同的情况下,压实度越高,冻结锋面的移动速度越慢,冻结深度越小;压实度越小,土体降温越快,热量消耗越小,冻结锋面的移动速度越快,冻结深度越大。这主要是由于土体的压实程度直接影响土体的导热系数和体积热容。压实度越高,孔隙比越小,冻土的导热系数越大,体积热容也越大[140,141];导热系数越大,降温速度越小;体积热容越大,降温幅度越小。

综上所述,通过以上4组单因素敏感性分析可知,土体冻结过程中温度的分布同时受到冷端温度、补水条件、压实度和上覆压力的影响;其中冷端温度的影响最为显著,压实度和补水条件的影响效应次之,上覆压力的影响最小,可忽略不计。

4.3 正冻土的水分重分布规律

土体是典型的多孔材料,土颗粒间的孔隙相互连通为水分运动提供通道。土体冻结过程中的水分运动称为水分迁移[142]。土体产生冻胀变形的根本原因是土水势作用下的水分迁移,孔隙水从土水势高的区域流向土水势低的区域,直至土水势达到平衡;水分迁移满足达西定律[143],水分迁移会引起土体内的水分重分布。因此,正冻土内部的水分运动规律是分析冻胀规律、揭示冻胀机理的关键[144]。

土体冻结过程中,随着水分迁移和冰水相变的发生,试件内会出现冰透镜体和水分重分布现象[145]。基于粉质黏土室内冻胀试验研究,从冰透镜体的分布和水分重分布两个方面分析土体冻结过程中的水分运动规律。

4.3.1 土体冻结后的水分分布

土体冻结过程中水分迁移作用和相变作用的宏观表现是冻胀变形的增长,而从多孔介质尺度来讲,降温过程中存在复杂的膨胀和收缩作用,首先孔隙水相变为孔隙冰体积增大,其次土颗粒和冰晶遇冷收缩体积减小。多孔材料在降温过程中不同组分间的膨胀和收缩效应会在结构内部引发复杂的应力状态,影响孔隙内水分的迁移和积聚,进而引起水分重分布现象[146]。土体冻结过程中的水分迁移是温度势、基质势、溶质势、压力势和重力势共同作用的结果,因此,土体冻结过程中的水分重分布同时受到温度、压力、水头等参数的影响[147]。

1)冰透镜体的分布

在饱和粉质黏土的室内冻胀试验研究中,可以观察到明显的冰透镜体,

图 4-12 所示为饱和粉质黏土试件冻结后冰透镜体在试件内部的分布形态。从试件的表面可以观察到，冰透镜体与圆柱体试件的中轴线垂直，以水平分层的形式分布在试件内部。此外，冰透镜体沿深度方向的分布是不均匀的，试件中间区域的冰透镜体较密集，试件顶端的冰透镜体较稀疏；并且不同位置处冰透镜体的厚度也是不同的。

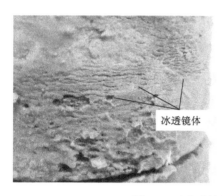

图 4-12　土体试件内冰透镜体的分布形态

在土体冻结过程中，随着冻结锋面的不断移动，冻结缘内的孔隙冰含量不断增加；相邻的孔隙冰随即发生积聚现象，当补给水分迁移至冻结缘时，孔隙冰的体积随之增长，并逐步发展成贯穿若干孔隙的冰晶体，进而形成垂直于热流方向的冰透镜体。Style 和 Peppin 认为土体冻结过程中，由于土体天然存在的一些微裂纹或大孔隙被冰晶填充，在冰压力作用下土体的有效应力降至为零，土颗粒之间会发生分离，冰晶在裂隙处的填充形成冰透镜体[145,148,149]。

土体冻结过程中产生的冻胀变形可以分为原位冻胀和分凝冻胀两个部分。原位冻胀是冻结前土体内部已有孔隙水相变产生的冻胀；分凝冻胀是土体冻结过程中由水分迁移作用带来的迁移水产生的冻胀。对于饱和土，原位冻胀等于孔隙水相变产生的 9% 的体积增量，等于 9% 的孔隙率乘以试件高度。因此，原位冻胀较小，不足以引起工程病害；分凝冻胀是引起冻胀破坏和工程隐患的主要原因，冻胀变形是土体冻结过程中水分迁移的宏观表现[149]。

2) 水分重分布的规律

当土体冻结稳定时，冻土试件沿深度方向表现出显著的水分重分布现象。水分重分布的结果是试件中间区域的含水率较大，试件两端的含水率较小，含水率沿深度方向的不均匀分布是水分重分布作用的外在表现[150,151]。

在冻胀试验中，当试件冻结稳定后结束试验，对已经完成冻结的土体试件进行分层切割；按照《土工试验方法标准》(GB/T 50123—2019)中的"含水率测试"方法,在各土层取 3 个土样采用烘干法测试土体的质量含水率[27]。依据实测得到的各层土样的含水率绘制土体冻结后含水率沿试件深度方向的分布,如图 4-13 所示。

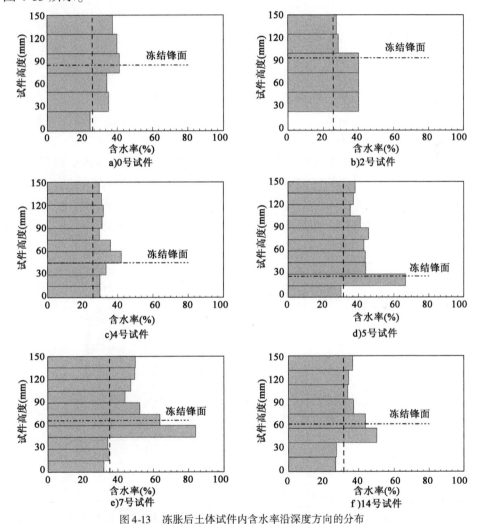

图 4-13　冻胀后土体试件内含水率沿深度方向的分布

图 4-13 中,竖直向虚线为土体试件冻结前的质量含水率,水平向虚线为土体试件冻结稳定时冻结锋面所在位置,灰色柱状图是土体冻结后不同层位的质量含水率。由图中数据可知:

(1)土体冻结后含水率沿深度方向的分布发生改变,说明土体冻结过程中确实发生了水分迁移。

（2）冻结锋面附近的土体含水率最大，冻结缘内存在水分积聚层。在土体冻结过程中，补给水分不断向上迁移，由于已冻土的渗透系数非常小，水分迁移至冻结缘冷端时无法继续迁移，使迁移水分积聚在冻结缘内，形成水分积聚层。

（3）在开放系统中，已冻土的含水率大于初始含水率。冻结锋面以上区域内为已经冻结的土体，试验结果显示已冻土的冻后含水率均大于冻结前饱和状态的初始含水率。

（4）土体试件冻结后，试件底端未冻土的含水率差异较大。个别试验中未冻土层的含水率大于初始含水率（4号试件），个别试验中未冻土层的含水率小于初始含水率（7号试件和14号试件）。

比较上述6组试验的冻胀变形和最大含水率，如图4-14所示。结果显示，冻胀变形大的试件对应的最大含水率大于冻胀变形小的试件；不同试验条件对应的冻胀变形和最大含水率的变化趋势一致。这说明冻结缘内迁移水的积聚程度越显著，冻胀变形越大；冻胀变形与末端冻结缘内的含水率之间具有非常好的相关性。

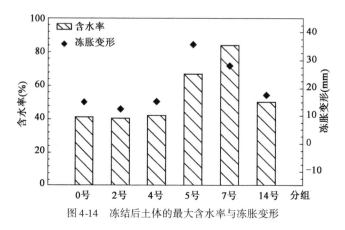

图4-14 冻结后土体的最大含水率与冻胀变形

上述研究分别从冰透镜形态及含水率分布两方面阐述了土体冻结后水分重分布的一般表现。综上可知，土体冻结过程中在温度和应力的共同作用下会发生不同程度的水分迁移，从而引起不同程度的水分重分布；水分重分布规律决定了冰透镜体的分布形态。分析结果表明，土体冻结过程中，水分迁移作用引起土体内的水分重分布现象；试件中间区域存在一个含水率最大的水分积聚层，水分积聚层出现在冻结缘附近；最大含水率与冻胀变形之间表现显著的正相关性；试件顶端的冻后含水率大于初始含水率；试件底端的冻后含水率的变化差异较大，因试验条件的不同会出现大于或小于初始含水率的情况。

土体是典型的多孔介质材料,孔隙的尺寸及分布状态是决定土体特性的重要参数。未冻土的孔隙率因压实度的不同而不同;已冻土的孔隙率因含冰量的不同而不同。通过对土体冻后含水率的分析可知,土体冻结后单位体积内的水分含量增大,土颗粒的比率随之出现不同程度的减小。如果将所有固态冰假设成均匀填充在土体孔隙内的孔隙冰,那么就可以确定,土体冻结后的孔隙率大于冻结前的初始孔隙率。因此,土体冻结过程中冻胀变形的发展可以等效成孔隙率的增长。土体冻结过程中,随着含冰量的增长,土体的孔隙率不断增大,导热系数、体积热容、渗透系数及密度等参数也随之发生改变;进而,影响土体内的热量传递和水分迁移。综上可知,土体冻结过程中,材料的热物参数和渗透特性随着冻结的发展而不断变化;孔隙率的改变是材料参数(即土的基本物理参数)和冻胀变形的重要表征。

4.3.2 影响因素分析

通过上述分析可知,土体冻结过程中含水率沿深度方向的分布与试验条件和试件状态直接相关。为了明确各因素对水分重分布的影响效应,基于粉质黏土的室内冻胀试验结果,对土体冻结后水分的分布情况进行单因素敏感性分析。将冻结达到稳定状态后的土体试件作为研究对象,分析补水条件、压实度、冷端温度和上覆压力对含水率沿深度方向分布的影响效应。

1)冷端温度

在已经完成的室内冻胀试验中,有两组试验(7号试件和8号试件)满足冷端温度的单因素敏感性分析条件。对应的,7号试件的冷端温度为-17.0℃,8号试件的冷端温度为-9.5℃。在冻胀试验结束后对土体试件按照15mm的间距进行分层取样,采用烘干法测试各层土样的质量含水率,测试结果如图4-15所示。

由图4-15可知:

(1)冷端温度越低,迁移水在冻结缘内的水分积聚现象越显著。7号试件(冷端温度-17℃)的最大含水率(84.08%)大于8号试件的最大含水率(54.73%)。这说明冷端温度越低,迁移水在冻结缘内的积聚现象越明显。

(2)冷端温度越高,试件顶端的含水率越大。土体冻结过程中,冷端温度越高,冻结速率越小,迁移至试件顶端的水分越多;因此,试件顶端的冻后含水率与冷端温度正相关。

(3)冷端温度越低,水分沿深度的变化差异越大。7号试件对应的含水率随深度的变化差异明显大于8号试件含水率的变化。

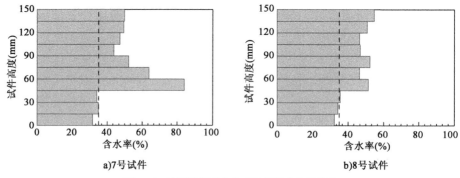

图 4-15　冷端温度对含水率沿深度分布的影响

2)压实度

在已经完成的室内冻胀试验中,5 号试件和 7 号试件对应冻胀试验的主要区别是试件的压实度不同,5 号试件的压实度为 92%,7 号试件的压实度为 86%。土体试件冻结后,含水率沿深度的分布如图 4-16 所示。

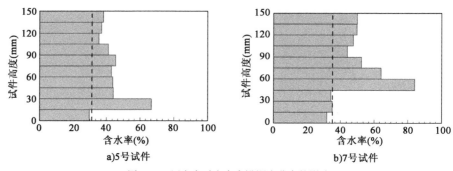

图 4-16　压实度对含水率沿深度分布的影响

由图 4-16 可知:

(1)压实度越小,迁移水在冻结缘内的积聚现象越显著。7 号试件的最大含水率(84.08%)大于 5 号试件的最大含水率(66.75%)。这说明压实度越大,迁移水在冻结缘内的积聚现象越不明显。

(2)压实度越大,试件顶端的含水率越小。土体冻结过程中,压实度越大,冻结速率越大,迁移至试件顶端的水分越少;因此,试件顶端的冻后含水率与压实度负相关。

(3)室内冻胀试验中,压实度对土体湿度的影响与现场路基湿度场的分布一致。参考柳志军[152]对路基湿度场演化规律的研究可知,路基湿度扰动区内的湿度值随着压实度的增大呈线性递减趋势;压实度越大,土体内的水分迁移越困难,路基内的湿度越稳定[153]。这说明在室内试验和实体工程中,压实度对土体内水分重分布的影响效应是相同的。

3)上覆压力

在已经完成的室内冻胀试验中,有两组试验(12号试件和13号试件)满足上覆压力的单因素敏感性分析条件。对应地,12号试件的上覆压力为60kPa,13号试件的上覆压力为0。土体冻结后各土层含水率的测试结果如图4-17所示。

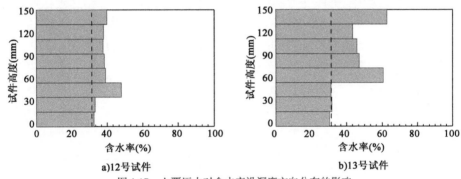

图4-17 上覆压力对含水率沿深度方向分布的影响

由图4-17可知:

(1)上覆压力越大,迁移水在冻结缘内的积聚现象越不明显。12号试件的最大含水率(47.88%)小于13号试件的最大含水率(62.80%)。这说明上覆压力越大,水分积聚层的含水率越小,迁移水在冻结缘内的积聚现象越不显著;相应地,产生的冻胀变形越小。参考冻胀测试结果可知,12号试件的冻胀变形(25.7mm)小于13号试件的冻胀变形(35.0mm),试验结果与分析结论一致。

(2)上覆压力越小,试件顶端的含水率越大。土体冻结过程中,上覆压力越大,土体的冻结速率越大,迁移至试件顶端的水分越少;因此,试件顶端的冻后含水率与上覆压力负相关。

(3)上覆压力越小,水分沿深度的变化差异越大。13号试件对应的含水率随深度的变化差异明显大于12号试件含水率的变化。

4.4　土体的冻胀变形规律

土体冻结过程中,试件产生的冻胀变形是随时间不断变化的,冻结达到稳定时的冻胀变形称为最大冻胀变形,最大冻胀变形是评价土体冻胀敏感性的重要指标。然而当冻结深度不同时,冻胀变形大的土体的冻胀敏感性未必强于冻胀变形小的土体。因此,需要通过单位冻结深度内冻胀变形的大小来描述和评价土体的冻胀敏感性。单位冻结深度内的冻胀变形称为冻胀率,当土体达到冻结稳定状态后,其可由最大冻胀变形与冻结深度做商得到。土体冻结过程中产生的冻胀变形和达到冻结稳定状态时的冻胀率与冷端温度、暖端温度、压实度、上覆压力和补水状态等参数有关,因此,土体的冻胀特性是材料和环境综合作用的结果。

4.4.1 冻胀变形的时域分析

土体冻结过程中,冻胀变形随冻结时间的增长而增长,当冻结达到稳定状态时,冻胀变形达到最大值,不再继续增长。参考粉质黏土室内冻胀试验结果,得到不同试验条件下土体冻胀变形和冻结深度随时间的变化曲线,如图4-18所示。

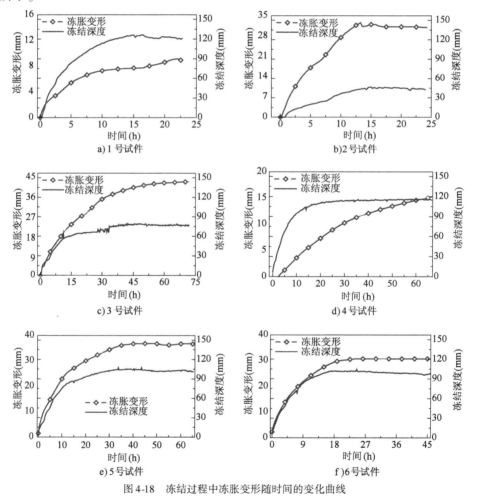

图4-18 冻结过程中冻胀变形随时间的变化曲线

由图 4-18 可知：

（1）土体冻结过程中，试件从顶端向下逐步冻结并引发冻胀变形随时间的增长，当冻结达到稳定状态时，冻胀变形达到最大值。不同试验条件下冻胀变形随时间的变化趋势是相同的，而各组试验中冻胀变形的增长速率、最大冻胀变形和达到最大冻胀变形所需的时间是不同的。

（2）冻胀变形和冻结深度的发展趋势相同。冻结深度增长时，冻胀变形不断增大，冻结速率越大，冻胀变形的增长越快；冻结深度达到稳定时，冻胀变形趋于稳定。

在冻结过程中，随着相变作用的发生，土体孔隙内的大部分孔隙水变为孔隙冰，仅残留少量的未冻水。相变作用的发生，一方面改变土体的热物参数；一方面影响土体的渗透特性。究其原因，由于冰的导热系数大于水的导热系数，冰的体积热容小于水的体积热容，土体冻结后的导热系数大于冻结前的导热系数，冻土的体积热容小于融土的体积热容[154]。此外，孔隙水相变为孔隙冰后，孔隙冰的存在阻塞毛细水的迁移通道，土体的渗透系数急剧减小。土体冻结过程中产生的冻胀变形主要是由于水分迁移引起的，因此，随着冻结的不断发展，土体的渗透系数减小，水分迁移作用削弱，冻胀的增长减缓，直至冻胀不再生长。上述分析解释了土体冻结过程中冻胀变形发展趋势的内在原因。

为了评价饱和粉质黏土在不同试验条件下的冻胀敏感性，依次计算各组试验中土体的冻胀率，比较结果如图 4-19 所示。

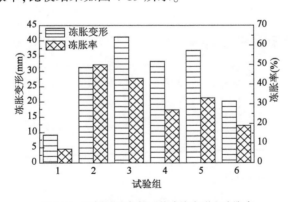

图 4-19　不同试验条件下的冻胀变形和冻胀率

由图 4-19 可知，3 号试件的冻胀变形最大，2 号试件的冻胀率最大；这主要是由于试件的冻结深度不同。冻胀率小时，冻结深度大的试件产生的冻胀变形很可能大于冻结深度小的，但冻胀率大的试件。因此，简单地通过冻胀变形来比较土体的冻胀敏感性是不可信的。按照冻胀率的大小,将上述 6 种工况对应的饱和粉质黏土的冻胀敏感性进行排序:1 号 < 6 号 < 4 号 < 5 号 < 3 号 < 2 号。

综上所述,在冷端温度、暖端温度、压实度、上覆压力和补水条件等因素的综合作用下,同一种土体表现出不同的冻胀敏感性。其中,2 号试件对应的试验条件下饱和粉质黏土的冻胀最敏感,1 号试件对应的试验条件下饱和粉质黏土的冻胀最惰性。由此可知,土体的冻胀率不仅与材料参数有关,还与环境因素直接相关,即土体的冻胀敏感性是材料和环境综合作用的结果。

4.4.2 影响因素分析

土体的冻结深度、冻胀变形和冻胀率与试验条件和试件状态直接相关。为了明确各因素对土体冻结特性及冻胀敏感性的影响,基于粉质黏土的室内冻胀试验结果,对土体的冻胀特性进行单因素敏感性分析。参考温度分布的影响因素分析过程,依次对补水条件、压实度、冷端温度、上覆压力以及温度梯度进行冻胀特性的单因素敏感性分析,对比用试验组与 3.2.3 节一致。

1) 补水条件

在室内冻胀试验中,1 号试件和 4 号试件、12 号试件和 15 号试件在冻胀试验过程中的水分补给条件不同,其他试验条件均相同。其中,1 号试件为阶段补水,4 号试件全阶段常水位补水(全程补水);15 号试件不补水,12 号试件全程补水。依次计算各组试验的土体冻胀率,参考冻结稳定阶段土体试件的冻结深度和最大冻胀变形,得到不同补水条件下土体的冻胀特性对比,如图 4-20 所示。

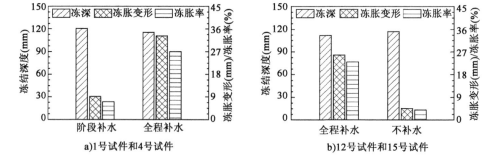

图 4-20 补水条件对冻胀特性的影响

由图 4-20 可知:

(1)水分补给越充分,土体的冻结深度越小,但冻结深度的变化幅度较小。图 4-20a)中,阶段补水试件的冻结深度大于全程补水试件的冻结深度;

图4-20b)中,不补水试件的冻结深度大于全程补水试件的冻结深度;上述两组对比试验中,冻结深度因为水分补给的不同而不同,但实际差值较小。此外,考虑到对比试验的冷端温度存在微小差别,而冷端温度又是冻结深度的主要影响因素,因此可以判定,水分补给对冻结深度的发展起到抑制作用,但影响较小。引起上述现象的原因是:土体冻结过程中,孔隙水相变为孔隙冰时会伴随潜热的释放,释放的热量削弱了冷端温度的冻结作用。因此,冻结过程中土体内的含水率越高,释放的相变潜热越多,土体的冻结越缓慢,冻结程度越低,冻结深度越小。此外,根据3.2.3节分析可知,水分补给越充分,冻结锋面的移动速度越慢,冻结深度越小,与上述分析结果是一致的。

(2)水分补给越充分,土体的冻胀变形越大。全程补水试件的冻胀变形大于阶段补水试件的冻胀变形,也大于不补水试件的冻胀变形,说明冻胀变形与水分补给条件正相关。在土体冻结过程中,水分补给越充分,土体内的迁移水含量越多,相变产生的分凝冰越多,土体的冻胀变形越大。

(3)水分补给越充分,冻胀率越大,冻胀敏感性越显著。全程补水试件的冻胀率远远高于阶段补水和不补水试件,说明冻胀敏感性与水分补给条件正相关。在冻结过程中,水分补给越充分,单位冻结深度内产生的冻胀变形越大,冻胀率越高,冻胀敏感性越显著。

由于补水条件直接决定着冻胀的发展,控制水分补给可以有效控制冻胀变形的发展。路基工程的防水措施主要从两个方面开展:其一是避免地表水的渗入;其二是减小地下水的迁移。在工程实践中,可以在路基上部加铺防水结构层、防水隔断材料等方式减小地表水渗入;同时,可以在路基内部埋设排水管道、水分疏导层等结构加速路基内水分的排出。在减小地下水的迁移方面,可以通过对路基进行非冻胀填料换填、路基下部铺设大粒径石料阻断毛细水上升等措施实现。

综上可知,土体冻结过程中,温度的分布特性和冻胀的发展规律及土体的冻胀特性都与补水条件直接相关,说明土体的冻结同时涉及热量传导、水分迁移和变形问题,是水-热-变形耦合作用的结果。

2)冷端温度

按照压实度、上覆压力、补水条件相同,冷端温度不同的单因素敏感性分析条件,选择两个试验组分析冷端温度对冻结深度、最大冻胀变形和冻胀率的影响效应。第一试验组为7号试件(冷端温度 -17℃)和8号试件(冷端温度 -9.5℃),第二试验组为5号试件(冷端温度 -23℃)和13号试件(冷端温度 -16℃)。结果如图4-21所示。

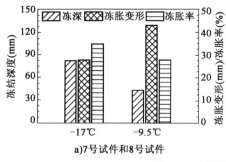 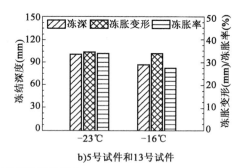

图 4-21 冷端温度对冻胀特性的影响

由图 4-21 可知：

(1) 冷端温度越低,土体的冻结深度越大。冷端温度为 -17℃ 的冻结深度大于冷端温度为 -9.5℃ 的冻结深度;冷端温度为 -23℃ 的冻结深度大于冷端温度为 -16℃ 的冻结深度。这说明,在试验条件相同的情况下,冷端温度越低,冻结锋面的移动距离越远,土体的冻结深度越大。

(2) 冷端温度越低,冻胀率越大,土体的冻胀敏感性越显著。冷端温度为 -17℃ 的冻胀率大于冷端温度为 -9.5℃ 的冻胀率;冷端温度为 -23℃ 的冻胀率大于冷端温度为 -16℃ 的冻胀率。这说明,在试验条件相同的情况下,冷端温度越低,土体单位冻结深度内产生的冻胀变形越大,冻胀敏感性越显著。

冷端温度越低,土体的冻胀敏感性越显著,因此,加强防寒措施、提高冷端温度可以有效减轻冻胀病害。措施一是提高路基上部结构的防寒能力,削弱极端最低气温对路基的影响,建议采用导热性能差的材料作为上部结构的选材;措施二是冬季在路基上部或边坡顶面加设防寒装置,如保温被、太阳能板等。

3) 压实度

基于 3.4.2 节冷端温度对土体冻胀特性的影响分析,在室内冻胀试验研究中,选择 4 组对比试验分析压实度对土体冻胀特性的影响;各组对比试验的组成依次为:4 号试件和 6 号试件、4 号试件和 9 号试件、5 号试件和 7 号试件、6 号试件和 16 号试件,每组试验都满足上覆压力和补水条件相同,压实度和冷端温度不同的条件。其中,4 号试件的压实度为 98%,冷端温度为 -24℃;5 号试件的压实度为 92%,冷端温度为 -23℃;6 号试件的压实度为 92%,冷端温度为 -23℃;7 号试件的压实度为 92%,冷端温度为 -17℃;9 号试件的压实度为 86%,冷端温度为 -22℃;16 号试件的压实度为 98%,冷端温度为 -15℃。图 4-22 给出各组试验对应的冻胀特性。

第4章 饱和粉质黏土的季节性冻胀规律

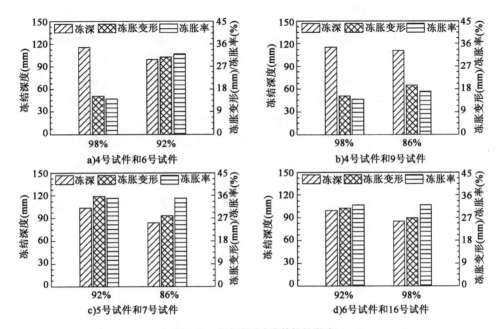

图4-22 压实度对冻胀特性的影响

由图4-22可知：在试验条件相同的情况下，初始压实度越小，冻胀率越大，土体的冻胀敏感性越显著。图4-22a)和b)中，4号试件的冷端温度低于6号试件(9号试件)的冷端温度，而4号试件的冻胀率小于6号试件(9号试件)的冻胀率；4号试件的压实度大于6号试件(9号试件)的压实度；说明上述两组对比试验中，压实度对冻胀率的影响大于冷端温度对冻胀率的影响，压实度越大，土体的冻胀率越小。图4-22c)中，5号试件的冷端温度低于7号试件的冷端温度，而5号试件的冻胀率等于7号试件的冻胀率；5号试件的压实度大于7号试件的压实度；说明该组对比试验中，压实度对冻胀率的影响抵消了冷端温度对冻胀率的影响，压实度和冷端温度对冻胀率的影响是相反的。图4-22d)的趋势与图4-22c)一致，同样证明了压实度对冻胀率的影响抵消冷端温度对冻胀率的影响，压实度与冷端温度对冻胀率的影响效应是相斥的，即压实度越大，冻胀率越小。

此外，冻结深度受冷端温度的影响较大，冻胀变形与温度梯度也与冷端温度有关，因此，由图4-22无法获得压实度对冻结深度和冻胀变形的影响效应。但通过分析可知，在试验条件相同的情况下，压实度越高，土体的冻结深度越小。由于压实度越大，孔隙率越小，冻结后土体的体积含冰量越小；冰的体积热容小于土颗粒的体积热容，因此，压实度越大，含冰量越小，体积热容越大，单位土体冻结需要的冷量越大；相同冷端温度作用下，压实度越大，冻结深度越小。此外，

87

根据 3.2.3 节的分析可知,压实度越高,孔隙比越小,导热系数越大,降温速度越小;体积热容越大,降温幅度越小;冻结锋面的移动速度越慢,冻结深度越小。上述分析从两个角度证明了压实度对冻结深度的影响,得到的结论是一致的。

土体压实度对冻胀特性的影响主要表现在三个方面:①压实度改变土体的热物参数,影响冻结锋面的移动和土体的冻结;②压实度改变土体的初始孔隙率,影响相变潜热的释放;③压实度改变土体的渗透系数,影响土体冻结过程中的水分迁移。首先,压实度越大,土的导热系数和体积热容越大,土体的冻结过程越缓慢,冻结深度越小。其次,压实度越大,孔隙水含量越少,冻结过程释放的相变潜热越少,冻结发展越快。最后,压实度越大,渗透系数越小,水分迁移作用越不明显,冻胀变形越小。以上三点是互相关联的,但又互相制约的,因此,压实度对冻结深度的影响是复杂的。

4) 上覆压力

基于 3.4.2 节冷端温度对土体冻胀特性的影响分析,在室内冻胀试验研究中,选择 4 组对比试验分析上覆压力对土体冻胀特性的影响;各组对比试验的组成依次为:5 号试件和 6 号试件、7 号试件和 9 号试件、8 号试件和 9 号试件、12 号试件和 13 号试件,每组试验都满足压实度和补水条件相同、上覆压力和冷端温度不同的条件。其中,5 号试件的上覆压力为 0,冷端温度为 $-23℃$;6 号试件的上覆压力为 30kPa,冷端温度为 $-23℃$;7 号试件的上覆压力为 0,冷端温度为 $-17℃$;8 号试件的上覆压力为 0,冷端温度为 $-9.5℃$;9 号试件的上覆压力为 30kPa,冷端温度为 $-22℃$;12 号试件的上覆压力为 60kPa,冷端温度为 $-19℃$;13 号试件的上覆压力为 0,冷端温度为 $-16℃$。图 4-23 给出不同试验条件、不同上覆压力作用下,土体冻结深度、最大冻胀变形及冻胀率的对比情况。

由图 4-23 可知:在试验条件相同的情况下,上覆压力越大,冻胀率越小,土体的冻胀敏感性越不显著。图 4-23a) 中,5 号试件和 6 号试件的冷端温度相同,而 5 号试件的冻胀率大于 6 号试件的冻胀率;对应的 5 号试件的上覆压力小于 6 号试件的上覆压力;说明上覆压力越大,冻胀率越小。图 4-23b) 中,7 号试件的冷端温度高于 9 号试件的冷端温度,而 7 号试件的冻胀率也大于 9 号试件的冻胀率;7 号试件的上覆压力小于 9 号试件的上覆压力;说明在该组对比试验中,压实度对冻胀率的影响大于冷端温度对冻胀率的影响,压实度与冷端温度对冻胀率的影响效应是相反的。此外,图 4-23c) 和图 4-23d) 都证明了图 4-23b) 的结论,说明在上覆压力作用下,较低冷端温度的冻胀率小于较高冷端温度的冻胀率;上覆压力越大,土体的冻胀率越小。在试验条件相同的情况下,上覆压力越大,土体冻结过程中的水分迁移作用越微弱,产生的冻胀变形越小,单位冻结深

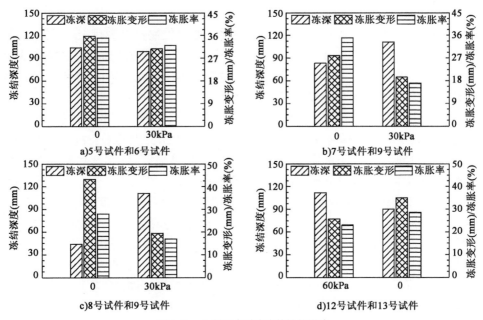

图 4-23 上覆压力对冻胀特性的影响

度内的冻胀变形也越小,冻胀敏感性越不显著;说明上覆压力在一定程度上抑制冻胀的发展。

上覆压力为 0 和 30kPa 的两种工况分别对应尚未铺筑上层结构的裸露路基和已经铺筑上层结构的路基的实际工作状态。第一种工况常出现在路基铺筑完的第一个越冬期,这期间公路的基层结构和面层结构尚未修筑,路基直接裸露在路床表面,经受极端最低气温的作用。第二种工况对应的是基层和面层结构均已铺筑完毕,路基顶面承受来自上层结构的上覆荷载作用,极端最低气温通过上层结构传递到路基顶面。上层结构的铺筑,一方面通过增大路基表面的上覆压力抑制冻胀的发展;另一方面通过提高路基顶面的冷端温度减小冻结深度。因此,道路施工过程中应尽量避免路基裸露过冬情况的发生,减小路基冻胀病害的发生。

综上可知,土体的冻结深度、冻胀变形和冻胀率同时受到冷端温度、补水条件、压实度和上覆压力的影响。其中,补水条件是影响水分迁移的直接因素,水分补给越充分,土体的冻胀敏感性越显著;压实度越大,土体的冻胀率越小;冷端温度越高,单位冻结深度内产生的冻胀变形越大,土体的冻胀敏感性越显著;上覆压力越大,土体的冻胀率越小。

4.5 本章小结

本章基于自主研发的土体冻胀试验系统,通过控制冷端温度、压实度、上覆压力、温度梯度以及补水条件等试验条件,开展了饱和粉质黏土的室内冻胀试验研究。进一步地,通过试验结果分析,得到饱和粉质黏土在不同试验条件下的温度分布规律、水分重分布特征以及冻胀发展规律。

(1)不同试验条件下温度、冻结锋面的和冻结深度随时间的变化趋势相同,而降温过程中的温度梯度、冻结锋面的移动速度、冻结深度的增长速度和达到稳定状态的时间不同。冷端温度对温度分布的影响最显著,压实度和补水条件的影响次之,上覆压力的影响较小,可以忽略不计。

(2)土体冻结过程中,在温度和应力作用下会发生不同程度的水分迁移,土体冻后含水率沿深度方向表现出不同程度的水分重分布。冻结锋面附近的冻结缘内存在水分积聚层。冷端温度越低,水分重分布现象越明显。压实度越小,迁移水在冻结缘内的积聚越显著。上覆压力越小,水分沿深度的变化差异越大。

(3)不同试验条件下冻胀变形随时间的变化趋势相同,而冻胀变形的增长速率、最大冻胀变形和达到最大冻胀变形所需时间不同。水分补给越充分,冻胀率越大,土体冻胀敏感性越显著。压实度越大,土体的冻胀率越低。冷端温度越低,土体的冻胀率越小,冻胀敏感性越不明显。上覆压力对冻胀的发展起抑制作用。

第 5 章　饱和粉质黏土的季节性冻胀机制

饱和粉质黏土的冻胀发展是复杂的温度-渗流-应力-变形耦合问题,各物理场间的相互作用存在一定的内在机制和发展规律。温度荷载和温度梯度是决定土体冻结发展及冻胀特性的主要因素,土体在每一时刻的冻结速率、冻胀速率以及冻胀率都会随着温度状态的改变而改变。为了揭示土体的冻胀发展规律和冻胀机理,需要深入分析土体冻结过程中冻胀特性与温度分布的内在关系。

本章将冻胀变形的发展机理作为研究目标,基于饱和粉质黏土的冻胀试验结果,分析土体冻结过程中的冻胀特性及温度分布情况,得到冻胀变形随水-温变化的发展规律。进一步地,分析土体冻结过程中瞬时温度梯度与冻结速率、冻胀速率及冻胀率的关系,基于统计回归建立相应的关系模型,阐明饱和粉质黏土冻胀发展的内在机制。最后,基于冻胀变形发展机制的研究,参考 Takashi 冻胀率预估模型,建立饱和粉质黏土冻胀率的经验预估模型。

5.1　饱和正冻土冻胀特性的发展规律

土的冻胀特性包括冻结深度、冻胀变形、冻结速率、冻胀速率和冻胀率等,与土质类型、压实度、含水率、冻结温度等条件有关,是材料和环境综合作用的结果。土体冻结过程中,冻结深度和冻胀变形随时间的发展与土体内的温度分布直接相关。同时,土体的冻结速率、冻胀速率及冻胀率随温度状态的改变而改变,并决定冻结深度和冻胀变形随冻结时间的发展。正冻土冻胀特性随温度分布的发展规律是揭示饱和土冻胀机理的关键。

土体冻结过程中,试件内的温度分布、冻结深度和冻胀变形随时间不断变化,并遵循特定的潜在规律。依据室内土体冻胀试验结果,得到不同试验条件下试件温度、冻结深度及冻胀变形随冻结时间的变化曲线,如图 5-1 所示。

由图 5-1 可知:

(1) 土体降温过程中,冻结深度随冻结时间的发展不断增大。土体温度平衡后,冻结深度不再改变,冻结深度与温度分布在同一时刻达到稳定状态。这说明冻结深度与温度分布直接相关。

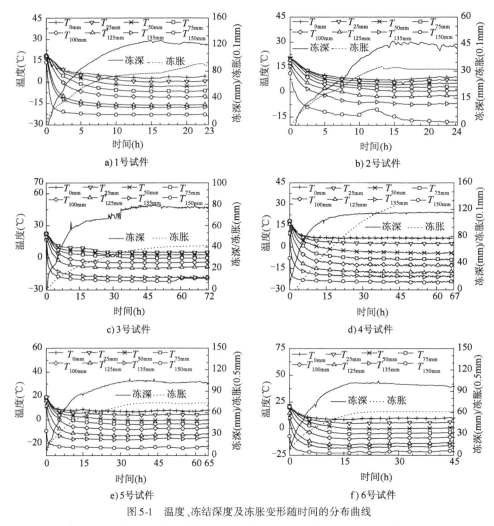

图 5-1　温度、冻结深度及冻胀变形随时间的分布曲线

(2) 降温过程中的温度梯度越大,冻结深度分布曲线的斜率越大。这说明降温越快,冻结锋面的移动速度越快,冻结速率越大。

(3) 土体降温过程中,冻胀变形随冻结时间不断增大;温度分布稳定后,冻胀变形继续增长,直至达到最大值。

(4) 温度梯度越大,冻胀变形分布曲线的斜率越大。这说明饱和土的冻胀速率与温度梯度正相关。

土体冻结过程中,单位时间内冻结深度的增量称为冻结速率,用式(5-1)表示。某一时刻的冻结速率称为瞬时冻结速率,某一时段的冻结速率称为平均冻结速率。冻结速率也可以理解为冻结锋面的移动速度,即单位时间内冻结锋面的移动距离。冻结速率主要表征土体冻结速度的快慢:冻结速率越大,土体的冻结速度越快,单位时间内冻结锋面的移动距离越大;冻结速率越小,土体的冻结速度越慢,单位时间内冻结锋面的移动距离越小。

$$u = \frac{d_{t_1} - d_{t_2}}{t_1 - t_2} \tag{5-1}$$

式中:u——冻结速率,mm/h;

d_{t_1}——t_1时刻土体的冻结深度,mm;

d_{t_2}——t_2时刻土体的冻结深度,mm;

t_1,t_2——某时段的两个时刻,h。

土体冻结过程中,单位时间内冻胀变形的增量称为冻胀速率,用式(5-2)表示。冻胀速率等于1.09倍的水分迁移速率,也即等于1.09倍的渗流流速。冻胀速率主要表征土体冻胀敏感性的强弱:冻胀速率越大,冻胀变形的增长越快,土体的冻胀敏感性越显著;冻胀速率越小,冻胀变形的增长越慢,土体的冻胀敏感性越弱。

$$v = \frac{\Delta h_{t_1} - \Delta h_{t_2}}{t_1 - t_2} \tag{5-2}$$

式中:v——冻胀速率,mm/h;

Δh_{t_1}——t_1时刻土体的冻胀变形,mm;

Δh_{t_2}——t_2时刻土体的冻胀变形,mm。

由图5-1可知:土体冻结过程中,温度分布、冻结深度和冻胀变形表现出不同的发展趋势;同时,温度分布对冻结深度和冻胀变形的影响也具有不同的表现。进一步地,基于室内饱和粉质黏土冻胀试验结果,得到土体冻结过程中冻结深度、冻胀变形、冻结速率、冻胀速率及冻胀率随冻结时间的变化曲线,如图5-2所示。

由图5-2可知:

(1)冻结速率随冻结时间的发展逐渐减小,当冻结速率减小到零时,冻结锋面不再移动,冻结深度达到最大值。

(2)冻胀速率随冻结时间的发展不断变化。冻胀速率越大,冻胀变形曲线的斜率越大;冻胀速率为零时,冻胀变形和冻胀速率都不再改变,冻胀变形达到最大值。

(3)不同试验条件下,冻胀率随冻结时间的变化表现出不同的发展趋势。因为冻胀率是冻胀变形和冻结深度的比值,所以冻胀率的变化是冻结速率和冻胀速率的综合体现。

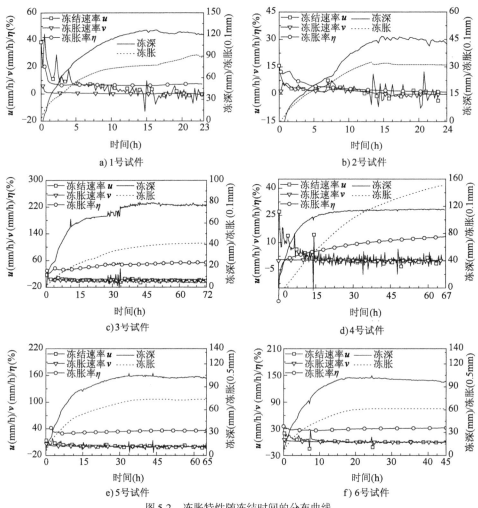

图 5-2 冻胀特性随冻结时间的分布曲线

通过上述分析可知：土体冻结过程中，冻结深度和冻胀变形的发展与温度分布直接相关。为了分析饱和正冻土冻胀变形的发展机制，需要进一步分析土体冻结过程中每一时刻的温度状态（温度和温度梯度）对冻胀特性的影响。土体冻胀变形的生长主要发生在冻结缘内，冻结速率、冻胀速率和冻胀率是冻结缘的基本参数。冻结缘的暖端温度（冻结锋面所在位置的温度）等于孔隙水的冻结温度，因此，在已知冻结锋面位置的前提下，根据冻结缘内的温度梯度即可得到冻土内的温度分布情况。冻结速率、冻胀速率、冻胀率和温度梯度是表征正冻土冻胀特性和冻胀机理的主要参数。鉴于此，依次分析土体冻结过程中，冻结锋面以上部分土体的冻结速率、冻胀速率及冻胀率与温度梯度在每一时刻的对应的关系,明确冻胀变形的发展机制。

5.2 饱和正冻土冻结速率的发展机制

土体冻结过程中,各时刻的冻结速率与温度荷载、导热系数和体积热容有关;温度越低、导热系数越大、体积热容越小,土的冻结速率越大。在孔隙率不变的情况下,土的导热系数和体积热容与含冰量有关;含冰量越高,土的导热系数越大、体积热容越小。土体冻结过程中,冻结速率直接影响土体的冻结程度和冻结锋面的移动速度;冻结速率越大,冻结发展越快,冻结锋面移动越快。

土体冻结过程中,冷端温度与冻结锋面所在位置处的温度(孔隙水的冻结温度)之差与冻结深度的比称为温度梯度,用式(5-3)表示。温度梯度是表征冻土温度分布特性的重要参数,与冷端温度和冻结深度有关。

$$\nabla T = \frac{T_c - T_0}{d} \tag{5-3}$$

式中:∇T——温度梯度,℃/mm;

T_c——冷端温度,℃;

T_0——冻结锋面温度,℃;

d——冻结深度,mm。

土体冻结过程中,随着冻结作用的发展,土体内部的温度梯度不断变化;温度梯度的改变会引起水分迁移、孔隙水相变以及冻结锋面的移动。因此,分析正冻土冻结速率与温度梯度的关系是剖析土体冻胀机理的关键。

5.2.1 冻结速率与温度梯度的时域分析

单向冻结条件下,土体的冻结深度随时间不断变化,冻结速率和温度梯度都是时间的函数。在土体冻胀试验中,数据的采集频率为15min/次,根据相邻时间点的温度数据依次计算各时间点的温度梯度和冻结速率,得到不同试验条件下冻结速率与温度梯度随冻结时间的变化曲线,如图5-3所示。

由图5-3可知:

(1)土体冻结过程中,冻土区的温度梯度随冻结时间的增长不断减小;当温度梯度减小到某一数值后,温度梯度不再改变,此时土体试件内的温度分布达到稳定状态。在室内冻胀试验中,冻土区上、下两端温度分别为冷端温度和孔隙水冻结温度(0℃)[155];冷端温度不变时,冻土区内的温差恒定(即冻结锋面和试件顶端的温度差不变)、冻结深度随时间不断增长,因此,冻土区的温度梯度随冻结时间的增长不断减小。当冻结达到稳定状态时,冻结深度不再增长,温度分布达到稳定状态,温度梯度不再改变。

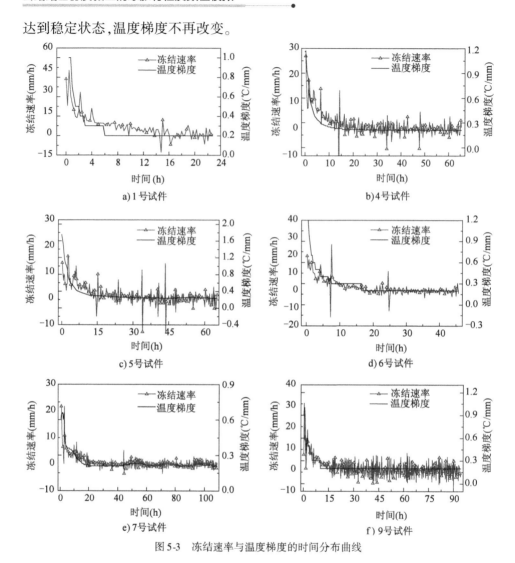

图 5-3　冻结速率与温度梯度的时间分布曲线

（2）土体冻结过程中,冻结速率随冻结时间的增长不断波动;从冻结速率的发展趋势可以看出,冻结速率随冻结时间呈现先减小、后稳定的规律。究其原因是在单向冻结条件下,当来自冷端的冷量引起土体内的孔隙水发生相变时,孔隙冰释放相变潜热;潜热的释放在一定程度上抵消了来自冷端的冷量,进而改变了土体的冻结速率。换而言之,当冻结锋面处的土体开始冻结时,该位置处的冻结速率随之增大;随着相变作用的发生,孔隙冰释放相变潜热使冻结速率减小。因此,在冻结锋面移动过程中,随着冻结作用和相变作用的相互影响,土体的冻结速率反复出现先增大、再减小的波动。

基于此,忽略冻结速率随冻结时间波动的影响,将冻结速率发展曲线做移动平均处理,得到平均冻结速率随冻结时间变化的平滑曲线,如图5-4所示。

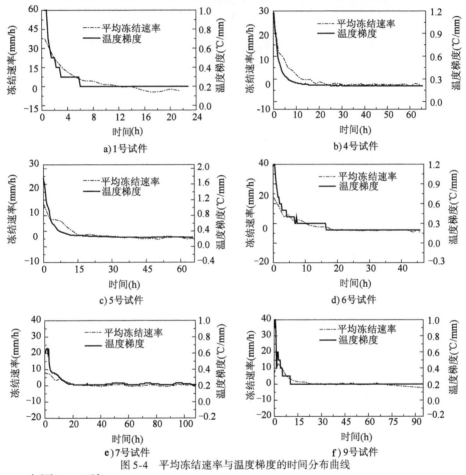

图5-4 平均冻结速率与温度梯度的时间分布曲线

由图5-4可知:

(1)土体冻结过程中,平均冻结速率随冻结时间的增长逐渐减小;当平均冻结速率减小至零时,冻结达到稳定状态,冻结锋面不再移动,冻结速率趋于稳定。

(2)平均冻结速率与温度梯度随冻结时间的发展趋势相同。温度梯度减小时,平均冻结速率随之降低;温度梯度恒定不变时,平均冻结速率趋于稳定。说明土体的冻结速率与温度梯度正相关。

(3)冻结速率与冻结温度和导热系数正相关,与体积热容负相关。1号试件在封闭体系内进行无补水冻结,冻结过程中土体内的含水率低于开放体系的冻结试件,因此,相比于其他 5 组试件,1 号试件的导热系数较大、体积热容较小,冻结锋面的移动速度较大,冻结速率较大。

5.2.2 冻结速率与温度梯度的关系

单向冻结条件下,平均冻结速率和温度梯度是时间的单调函数,两者具有相同的发展趋势。在土体冻结过程中,平均冻结速率也即冻结锋面的移动速率与冷端温度、上覆压力、温度梯度以及土体试件的初始压实度有关。其中,冷端温度、上覆压力和压实度是不随冻结时间变化的常量,冻结速率和温度梯度是随冻结时间变化的变量。土体冻结过程中,各个时刻的温度梯度和平均冻结速率具有一一对应关系。因此,将同一时刻的温度梯度和平均冻结速率分别作为横、纵坐标值,得到不同试验条件下平均冻结速率与温度梯度的关系曲线,如图 5-5 所示。同时,对图 5-5 中的温度梯度—冻结速率数据点进行拟合,得到不同试验条件下,土体冻结过程中瞬时冻结速率与瞬时温度梯度的回归关系。

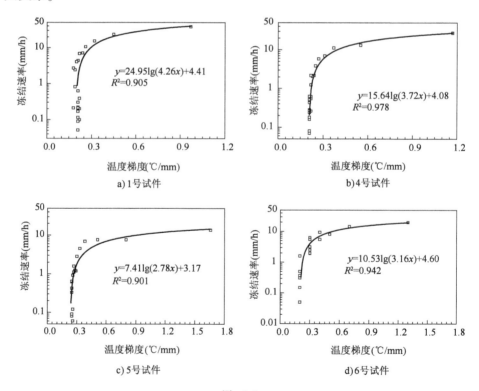

图 5-5

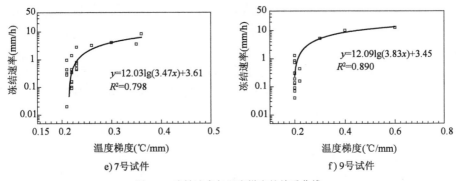

e) 7号试件   f) 9号试件

图 5-5 冻结速率与温度梯度的关系曲线

由图 5-5 可知：

（1）各组数据拟合结果的相关系数较高，说明平均冻结速率与温度梯度间具有非常好的相关性。因此，土体冻结过程中，在已知冻土区温度梯度的前提下，土体的冻结速率是可以预估的。

（2）6 种试验条件下得到的冻结速率与温度梯度的拟合结果具有相同的函数形式（对数函数），但各试验得到的对数函数的参数不同。这说明单向冻结条件下的试验条件和土体参数对土体冻结速率的影响表现在拟合关系模型的各个参数中。

基于此，考虑冷端温度、初始温度梯度、初始压实度、补水条件、上覆压力和暖端温度对土体冻结过程的影响，依据上述 6 组试验的拟合结果推导出统一的考虑试验条件和材料参数的冻结速率与温度梯度回归关系。

首先，根据冻结速率与温度梯度的拟合结果，确定两者的回归关系，即：

$$U = C \lg D \nabla T + E \tag{5-4}$$

式中：U——冻结速率比，等于实际冻结速率与参考冻结速率的比值，即 $U = U_1/U_f$；其中，U_1 为土体冻结过程中的实际冻结速率，mm/h，U_f 为参考冻结速率，$U_f = 1.0$ mm/h；

∇T——温度梯度比，等于实际温度梯度与参考温度梯度的比值，即 $\nabla T = \nabla T_1/\nabla T_f$，其中，$\nabla T_1$ 为土体冻结过程中的实际温度梯度，℃/mm，∇T_f 为参考温度梯度，$\nabla T_f = 1.0$ ℃/mm；

C、D、E——试验参数，与冷端温度、初始温度梯度、初始压实度、补水条件、上覆压力和暖端温度有关，即：

$$\begin{aligned} C &= a_1 T_c + b_1 \nabla T_0 + c_1 C_0 + d_1 W + e_1 P + f_1 T_w \\ D &= a_2 T_c + b_2 \nabla T_0 + c_2 C_0 + d_2 W + e_2 P + f_2 T_w \\ E &= a_3 T_c + b_3 \nabla T_0 + c_3 C_0 + d_3 W + e_3 P + f_3 T_w \end{aligned} \tag{5-5}$$

式中：T_c——冷端温度比，等于实际冷端温度与参考温度的比值，即 $T_c = T_{c1}/T_f$；其中，T_{c1} 为土体冻结过程中的实际冷端温度，℃，T_f 为参考温度，$T_f = 1.0$℃；

∇T_0——初始温度梯度比，等于实际初始温度梯度与参考温度梯度的比值，即 $\nabla T_0 = \nabla T_{01}/T_f$，其中，$\nabla T_{01}$ 为土体冻结过程中的初始温度梯度，℃/mm；

C_0——初始压实度，%；

W——补水条件系数，封闭系统 $W = 0$，开放系统 $W = 1$；

P——上覆压力比，等于绝对上覆压力与大气压力的比值，$P = (P_1 + P_a)/P_a$，其中，P_1 为试验过程中施加的上覆压力，kPa，P_a 为大气压力，$P_a = 101$ kPa；

T_w——暖端温度比，等于实际暖端温度与参考温度的比值，即 $T_w = T_{w1}/T_f$，其中，T_{w1} 为土体冻结过程中的实际暖端温度，℃；

$a_i \cdot b_i \cdot \cdots f_i$——未知系数。

综上可知，确定冻结速率与温度梯度回归关系的关键是求解对数方程的 3 个系数，需要依次求解 3 个六元一次方程组，依次得到试验参数 C, D, E。

首先，求解试验参数 C。待求解方程的矩阵形式为 $AX = B$，其中自变量向量 $X = [a_1, b_1, c_1, d_1, e_1, f_1]^T$，因变量向量 $B = [C_1, C_2, C_3, C_4, C_5, C_6]^T$，系数矩阵 A 可表示为：

$$A = \begin{bmatrix} T_{c,1} & \nabla T_{0,1} & C_{0,1} & W_1 & P_1 & T_{w,1} \\ T_{c,2} & \nabla T_{0,2} & C_{0,2} & W_2 & P_2 & T_{w,2} \\ T_{c,3} & \nabla T_{0,3} & C_{0,3} & W_3 & P_3 & T_{w,3} \\ T_{c,4} & \nabla T_{0,4} & C_{0,4} & W_4 & P_4 & T_{w,4} \\ T_{c,5} & \nabla T_{0,5} & C_{0,5} & W_5 & P_5 & T_{w,5} \\ T_{c,6} & \nabla T_{0,6} & C_{0,6} & W_6 & P_6 & T_{w,6} \end{bmatrix}$$

参考表 4-4 得到系数矩阵的具体形式，进而得到试验参数 C 的方程组，即：

$$\begin{bmatrix} -23 & 0.177 & 98 & 0 & 30 & 3.5 \\ -24 & 0.177 & 98 & 1 & 30 & 2.5 \\ -23 & 0.203 & 92 & 1 & 0 & 7.5 \\ -23 & 0.220 & 92 & 1 & 30 & 10.0 \\ -17 & 0.200 & 86 & 1 & 0 & 13.0 \\ -22 & 0.200 & 86 & 1 & 30 & 8.0 \end{bmatrix} \cdot \begin{bmatrix} a_1 \\ b_1 \\ c_1 \\ d_1 \\ e_1 \\ f_1 \end{bmatrix} = \begin{bmatrix} 24.95 \\ 15.64 \\ 7.41 \\ 10.53 \\ 12.03 \\ 12.09 \end{bmatrix} \quad (5-6)$$

求解上述方程组得到 $X = [-748.42, -114562.78, 3.87, 1.3, 1.77, 759.03]^T$，

进而得到试验参数 C 的表达式为：

$$C = -748.42T_c - 114562.78\nabla T_0 + 3.87C_0 + 1.3W + 1.77P + 759.03T_w$$

由此可知，试验参数 C 与 T_c、∇T_0 负相关，与 C_0、W、P 和 T_w 正相关。同上，依次求解方程组式(5-7)和式(5-8)，得到试验参数 D 和 E，即：

$$D = -249.53T_c - 38141.67\nabla T_0 + 1.17C_0 + 2.74W + 0.56P + 252.81T_w$$

$$E = 204.79T_c + 31269.44\nabla T_0 - 0.85C_0 - 2.73W - 0.41P - 207.19T_w$$

$$\begin{bmatrix} -23 & 0.177 & 98 & 0 & 30 & 3.5 \\ -24 & 0.177 & 98 & 1 & 30 & 2.5 \\ -23 & 0.203 & 92 & 1 & 0 & 7.5 \\ -23 & 0.220 & 92 & 1 & 30 & 10.0 \\ -17 & 0.200 & 86 & 1 & 0 & 13.0 \\ -22 & 0.200 & 86 & 1 & 30 & 8.0 \end{bmatrix} \cdot \begin{bmatrix} a_2 \\ b_2 \\ c_2 \\ d_2 \\ e_2 \\ f_2 \end{bmatrix} = \begin{bmatrix} 4.26 \\ 3.72 \\ 2.78 \\ 3.16 \\ 3.47 \\ 3.83 \end{bmatrix} \quad (5\text{-}7)$$

$$\begin{bmatrix} -23 & 0.177 & 98 & 0 & 30 & 3.5 \\ -24 & 0.177 & 98 & 1 & 30 & 2.5 \\ -23 & 0.203 & 92 & 1 & 0 & 7.5 \\ -23 & 0.220 & 92 & 1 & 30 & 10.0 \\ -17 & 0.200 & 86 & 1 & 0 & 13.0 \\ -22 & 0.200 & 86 & 1 & 30 & 8.0 \end{bmatrix} \cdot \begin{bmatrix} a_3 \\ b_3 \\ c_3 \\ d_3 \\ e_3 \\ f_3 \end{bmatrix} = \begin{bmatrix} 4.41 \\ 4.08 \\ 3.17 \\ 4.60 \\ 3.61 \\ 3.45 \end{bmatrix} \quad (5\text{-}8)$$

综上所述，得到基于试验条件和材料参数的冻结速率与温度梯度回归关系，即：

$$U = C\lg D\nabla T + E$$

$$\begin{aligned} C &= -748.42T_c - 114562.78\nabla T_0 + 3.87C_0 + 1.3W + 1.77P + 759.03T_w \\ D &= -249.53T_c - 38141.67\nabla T_0 + 1.17C_0 + 2.74W + 0.56P + 252.81T_w \\ E &= 204.79T_c + 31269.44\nabla T_0 - 0.85C_0 - 2.73W - 0.41P - 207.19T_w \end{aligned} \quad (5\text{-}9)$$

由冻结速率与温度梯度回归关系式(5-9)可知，土体冻结过程中的瞬时冻结速率与温度梯度成对数关系。同时，冷端温度、暖端温度、初始温度梯度、初始压实度、补水条件和上覆压力对冻结速率的影响因试验条件的不同而不同。

冻结速率与温度梯度回归关系式(5-9)综合考虑了土体参数和试验条件对冻结过程的影响；在土体冻胀试验中，在已知土体试件的初始压实度和冻胀试验条件的基础上，根据试验过程中冻土区的温度梯度即可求得对应的土体冻结速率。然而，需要说明的是，在上述冻结速率与温度梯度回归关系中，试验参数 C、D、E 的求解是基于现有 6 组试验数据展开的线性求解。事实上，各试验参数与试验条件和土体参数之间满足统计关系,简单的线性求解必然带来较大的计算误差和使用限制。因此,上述瞬时冻结速率与温度梯度回归关系的确定需要积累更多的试验样本,通过统计回归得到具体的参数值。目前,式(5-9)是瞬时冻结速率与瞬时温度梯度回归关系的特殊形式,该表达式可表征土体冻结过程中瞬时冻结速率与瞬时温度梯度的关系,以及试验条件和土体参数对模型中试验参数的影响效应。

5.3 饱和正冻土冻胀速率的发展机制

单向冻结条件下,土体的冻胀速率直接影响土体的最大冻胀变形和冻胀率。冻胀速率增大时,单位时间内产生的冻胀变形随之增大;随着冻结深度的增大,温度梯度相应减小;温度梯度减小时,土体内部的水分迁移驱动力随之减小,水分迁移作用的减弱导致冻胀速率降低。因此,在土体冻结过程中,温度梯度和冻胀速率是相互影响、相互制约的。为此,基于室内土体冻胀试验研究结果,分析土体冻结过程中瞬时冻胀速率与瞬时温度梯度的关系。

5.3.1 冻胀速率与温度梯度的时域分析

土体冻结过程中,冻胀速率和温度梯度都是随时间变化的,以时间为横坐标,绘制冻胀速率和温度梯度随时间变化的双 Y 轴曲线,分析瞬时冻胀速率与瞬时温度梯度的关系。在室内冻胀试验中,数据的采集频率为 15min/次,根据相邻时间点的温度数据和冻胀变形依次计算各时间点的温度梯度和冻胀速率,并得到不同试验条件下冻结速率与温度梯度随时间变化的曲线,如图5-6所示。

由图5-6可知:

(1)土体冻结过程中,冻胀速率随时间的增长而减小,当冻胀速率减小到零时,冻胀速率达到最小值,冻胀变形达到最大值。土体冻胀速率为零时,土体的冻结达到稳定状态,冻土区的温度梯度也不再改变。

(2)冻胀速率与温度梯度随时间的变化趋势一致。在单向冻结条件下,由冷端温度作用产生的温度梯度是引起水分迁移的主要因素,因此温度梯度是影响冻胀速率的重要因素。

在基质势、重力势不变的情况下,温度梯度增大时,水分迁移速度增大,单位时间内产生的冻胀变形随之增大,土体的冻胀速率也相应增大;温度梯度减小时,水分迁移速度减小,单位时间内产生的冻胀变形随之减小,土体的冻胀速率随之减小。在不考虑基质势、重力势对水分迁移驱动作用的前提下,温度梯度不变时,水分迁移作用停止,冻胀变形不再增长,土体的冻胀速率等于零。

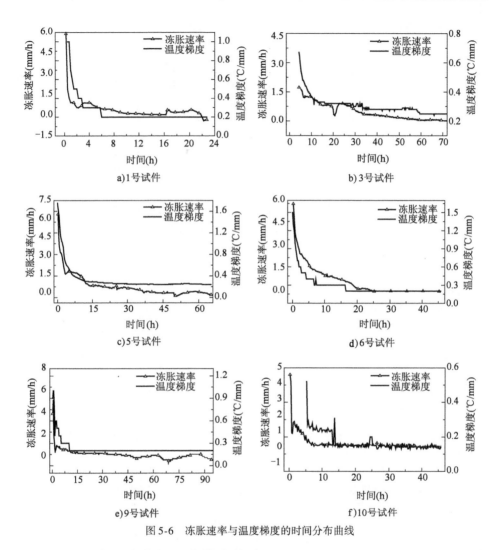

图 5-6 冻胀速率与温度梯度的时间分布曲线

5.3.2 冻胀速率与温度梯度的关系

土体冻结过程中,冻胀速率除了与温度梯度有关外,还与冷端温度、暖端温度、上覆压力、初始温度梯度以及初始压实度有关。其中,冷端温度、暖端温度、初始温度梯度、上覆压力、初始压实度是不随时间改变的常量。因此,将相同时刻的瞬时温度梯度和瞬时冻结速率分别作为横、纵坐标,绘制不同试验条件下瞬时冻胀速率与瞬时温度梯度的关系曲线,同时通过回归拟合得到瞬时冻胀速率与瞬时温度梯度的关系曲线,如图 5-7 所示。

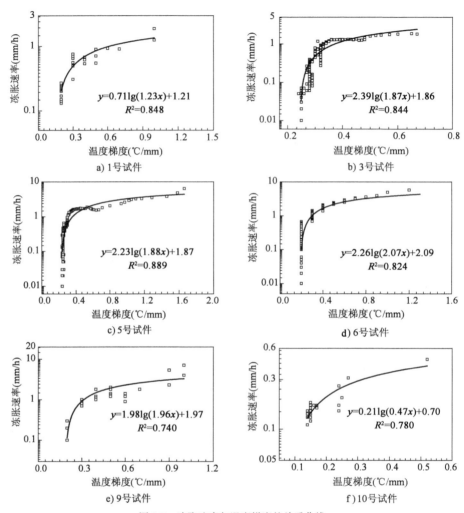

图 5-7 冻胀速率与温度梯度的关系曲线

由图 5-7 可知：

（1）冻胀速率与温度梯度具有非常显著的正相关性。这说明正冻土的冻胀是温度梯度作用的结果。温度梯度较小时，冻胀速率与温度梯度关系曲线的斜率较大，即冻胀速率的增长速度较快；随着温度梯度的增大，冻胀速率与温度梯度曲线的斜率逐渐变小，即冻胀速率的增长速度减缓。因此，土体冻结过程中，在已知冻土区温度梯度的前提下，土体的冻胀速率是可预估的。

（2）上述 6 组试验中得到的冻结速率与温度梯度的拟合结果具有相同的函数形式（对数函数），但各回归函数的参数因试验条件和材料参数的不同而不同。

基于此,考虑冷端温度、初始温度梯度、初始压实度、补水条件、上覆压力和暖端温度对土体冻胀过程的影响,依据上述6组试验的拟合结果推导出统一的考虑试验条件和材料参数的瞬时冻胀速率与瞬时温度梯度回归关系。

首先,根据冻胀速率与温度梯度的拟合结果,确定两者的回归关系,即:

$$v = F\lg G \nabla T + H \tag{5-10}$$

式中:v——冻胀速率比,等于实际冻胀速率与参考冻胀速率的比值,即 $v = v_1/v_f$,其中,v_1 为土体冻结过程中的实际冻胀速率,mm/h,v_f 为参考冻胀速率,$v_f = 1.0$ mm/h;

F, G, H——试验参数,与冷端温度、初始温度梯度、初始压实度、补水条件、上覆压力和暖端温度有关,即:

$$\begin{aligned} F &= a_1 T_c + b_1 \nabla T_0 + c_1 C_0 + d_1 W + e_1 P + f_1 T_w \\ G &= a_2 T_c + b_2 \nabla T_0 + c_2 C_0 + d_2 W + e_2 P + f_2 T_w \\ H &= a_3 T_c + b_3 \nabla T_0 + c_3 C_0 + d_3 W + e_3 P + f_3 T_w \end{aligned} \tag{5-11}$$

式中:$a_i, b_i, \cdots, f_i$——未知系数。

综上可知,确定冻胀速率与温度梯度回归关系的关键是求解对数方程式(5-10)中的3个未知系数,对应的需要求解3个六元一次方程组式(5-12)~式(5-14),依次得到试验参数 F、G、H;进而得到基于试验条件和材料参数的冻胀速率与温度梯度回归关系,见式(5-15)。

$$\begin{bmatrix} -23 & 0.177 & 98 & 0 & 30 & 3.5 \\ -24 & 0.177 & 98 & 1 & 30 & 2.5 \\ -23 & 0.203 & 92 & 1 & 0 & 7.5 \\ -23 & 0.220 & 92 & 1 & 30 & 10.0 \\ -17 & 0.200 & 86 & 1 & 0 & 13.0 \\ -22 & 0.200 & 86 & 1 & 30 & 8.0 \end{bmatrix} \cdot \begin{bmatrix} a_1 \\ b_1 \\ c_1 \\ d_1 \\ e_1 \\ f_1 \end{bmatrix} = \begin{bmatrix} 0.71 \\ 2.39 \\ 2.23 \\ 1.61 \\ 1.98 \\ 0.21 \end{bmatrix} \tag{5-12}$$

$$\begin{bmatrix} -23 & 0.177 & 98 & 0 & 30 & 3.5 \\ -24 & 0.177 & 98 & 1 & 30 & 2.5 \\ -23 & 0.203 & 92 & 1 & 0 & 7.5 \\ -23 & 0.220 & 92 & 1 & 30 & 10.0 \\ -17 & 0.200 & 86 & 1 & 0 & 13.0 \\ -22 & 0.200 & 86 & 1 & 30 & 8.0 \end{bmatrix} \cdot \begin{bmatrix} a_2 \\ b_2 \\ c_2 \\ d_2 \\ e_2 \\ f_2 \end{bmatrix} = \begin{bmatrix} 1.23 \\ 1.81 \\ 1.88 \\ 1.73 \\ 1.96 \\ 0.47 \end{bmatrix} \tag{5-13}$$

$$\begin{bmatrix} -23 & 0.177 & 98 & 0 & 30 & 3.5 \\ -24 & 0.177 & 98 & 1 & 30 & 2.5 \\ -23 & 0.203 & 92 & 1 & 0 & 7.5 \\ -23 & 0.220 & 92 & 1 & 30 & 10.0 \\ -17 & 0.200 & 86 & 1 & 0 & 13.0 \\ -22 & 0.200 & 86 & 1 & 30 & 8.0 \end{bmatrix} \cdot \begin{bmatrix} a_3 \\ b_3 \\ c_3 \\ d_3 \\ e_3 \\ f_3 \end{bmatrix} = \begin{bmatrix} 1.21 \\ 1.86 \\ 1.87 \\ 1.74 \\ 1.97 \\ 0.70 \end{bmatrix} \quad (5\text{-}14)$$

$$v = F \lg G \nabla T + H$$

$$\begin{aligned} F &= -3.27 T_c - 481.95 \nabla T_0 + 2.19 W + 2.99 T_w \\ G &= -4.81 T_c - 716.87 \nabla T_0 + 0.01 C_0 + 1.34 W + 0.02 P + 4.62 T_w \\ H &= -4.57 T_c - 683.25 \nabla T_0 + 0.01 C_0 + 1.4 W + 0.02 P + 4.4 T_w \end{aligned} \quad (5\text{-}15)$$

由冻胀速率与温度梯度的回归关系式(5-15)可知,土体冻结过程中的瞬时冻胀速率与瞬时温度梯度成对数关系。同时,冷端温度、含初始温度梯度与冻胀速率正相关,初始压实度、补水条件、上覆压力和暖端温度与冻胀速率负相关。通过控制试验条件和材料参数可以有效控制土体的冻胀速率,避免冻胀的发生。

瞬时冻胀速率与瞬时温度梯度回归关系式(5-15)综合考虑了土体参数和试验条件对土体冻胀过程的影响。在单向冻结条件下,在已知土体试件的初始压实度和冻胀条件的基础上,根据冻土区的温度梯度即可求得对应的冻胀速率。同样需要说明的是,上述瞬时冻胀速率与瞬时温度梯度回归关系式(5-15)的确定需要积累更多的试验样本,通过统计回归得到具体的关系方程系数值。目前,式(5-15)是瞬时冻胀速率与瞬时温度梯度回归关系的特殊形式,该式可表征土体冻结过程中瞬时冻胀速率与瞬时温度梯度的关系。

5.4 饱和正冻土冻胀率的发展机制

土体冻结过程中,冻胀率随时间变化。冻胀率决定单位冻结深度内冻胀变形的大小,冻胀率大的土体单位冻结深度内产生的冻胀变形大于冻胀率小的土体。冻胀速率决定冻胀变形的发展,冻结速率决定冻结深度的发展,因此,冻胀速率和冻结速率直接影响冻胀率。冻胀速率和冻结速率都是温度梯度的函数,因此冻胀率也是温度梯度的函数。为了明确冻胀率与温度梯度的关系,基于室内土体冻胀试验研究结果,分析土体冻结过程中瞬时冻胀率与瞬时温度梯度的关系。

5.4.1 冻胀率与温度梯度的时域分析

基于室内冻胀试验结果,根据相邻时间点的温度数据和冻胀变形计算各时间点的温度梯度和冻胀率。以时间为横坐标,绘制冻胀率和温度梯度随时间变化的双 Y 轴曲线,分析瞬时冻胀速率与瞬时温度梯度的关系,如图5-8所示。

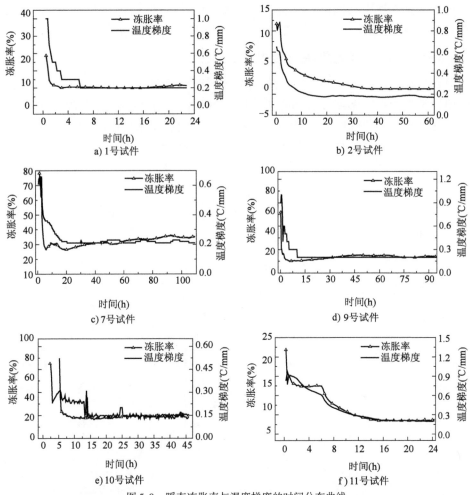

图 5-8 瞬态冻胀率与温度梯度的时间分布曲线

由图 5-8 可知：

（1）土体冻结过程中，冻胀率随时间的增长呈现先减小、后趋于稳定的发展趋势。剔除试验初始阶段不稳定因素的干扰可知，在整个冻结过程中，冻胀率的变化范围较小。

（2）冻胀率与温度梯度随时间的变化趋势一致。在单向冻结条件下，温度梯度是水分迁移的主要驱动力，也是冻胀变形增长的主要驱动力。

在基质势、重力势不变的情况下，温度梯度增大时，水分迁移作用增强，冻胀变形的增长变得越发迅速，土体的冻胀率随之增大；温度梯度减小时，水分迁移作用减弱，冻胀变形的增长变缓，土体的冻胀率随之减小。在不考虑基质势和重力势对水分迁移影响的前提下,温度梯度不变时,土体的冻结过程达到稳定状态,水分迁移作用停止,冻胀变形不再增长,土体的冻胀率保持恒定。

5.4.2 冻胀率与温度梯度的关系

参考瞬时冻结速率和瞬时冻胀速率与瞬时温度梯度拟合关系的建立过程,将相同时刻的瞬时温度梯度和瞬时冻胀率分别作为横、纵坐标,绘制不同试验条件下瞬时冻胀率与瞬时温度梯度的关系曲线,通过数据的回归分析,拟合得到瞬时冻胀率与瞬时温度梯度的关系表达式,如图 5-9 所示。

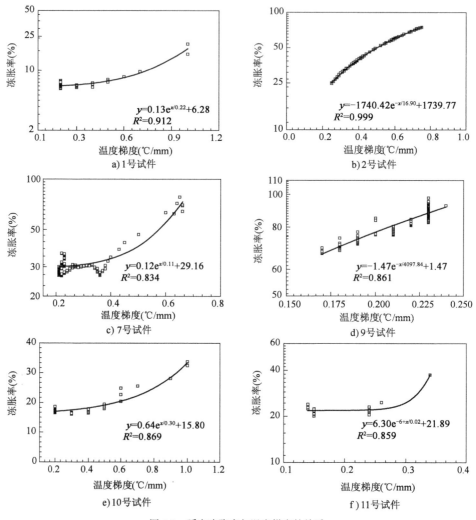

图 5-9 瞬态冻胀率与温度梯度的关系

由图 5-9 可知：

(1) 冻胀率与温度梯度具有非常显著的正相关性。各组试验拟合结果的相关系数说明，正冻土的冻胀率与温度梯度直接相关，土体的冻胀过程是温度梯度作用的结果。温度梯度较小时冻胀率与温度梯度关系曲线的斜率较小，即冻胀率的增长率较小；随着温度梯度的增大，冻胀率与温度梯度关系曲线的斜率逐渐增大，即冻胀率的增长率随之增长。因此，土体冻结过程中，在已知冻土区温度梯度的情况下，土体的冻胀率是可预估的。

(2) 上述 6 组试验中得到的冻胀率与温度梯度的拟合关系都是典型的指数函数，虽然各回归关系具有相同的函数形式，但各参数因试验条件和材料参数的不同而不同。

基于此，考虑冷端温度、初始温度梯度、初始压实度、补水条件、上覆压力和暖端温度对土体冻胀过程的影响，依据上述 6 组试验的拟合结果推导出统一的考虑试验条件和材料参数的冻胀率与温度梯度回归关系。首先，根据冻胀率与温度梯度的拟合结果，确定两者的回归关系，即：

$$\eta = I \exp \frac{\nabla T}{J} + K \tag{5-16}$$

式中：η——冻胀率；

I, J, K——试验参数，与冷端温度、初始温度梯度、初始压实度、补水条件、上覆压力和暖端温度有关，可表达式为：

$$\begin{aligned} I &= a_1 T_c + b_1 \nabla T_0 + c_1 C_0 + d_1 W + e_1 P + f_1 T_w \\ J &= a_2 T_c + b_2 \nabla T_0 + c_2 C_0 + d_2 W + e_2 P + f_2 T_w \\ K &= a_3 T_c + b_3 \nabla T_0 + c_3 C_0 + d_3 W + e_3 P + f_3 T_w \end{aligned} \tag{5-17}$$

式中：$a_i, b_i, \cdots, f_i$——未知系数。

综上所述，确定冻胀率与温度梯度的关系的关键是求解对数方程式(5-16)中的 3 个系数，对应求解 3 个六元一次方程组式(5-18)~式(5-20)，依次得到试验参数 I、J、K，得到基于试验条件和材料参数的冻胀速率与温度梯度关系，见式(5-21)。

$$\begin{bmatrix} -23 & 0.177 & 98 & 0 & 30 & 3.5 \\ -24 & 0.177 & 98 & 1 & 30 & 2.5 \\ -23 & 0.203 & 92 & 1 & 0 & 7.5 \\ -23 & 0.220 & 92 & 1 & 30 & 10.0 \\ -17 & 0.200 & 86 & 1 & 0 & 13.0 \\ -22 & 0.200 & 86 & 1 & 30 & 8.0 \end{bmatrix} \cdot \begin{bmatrix} a_1 \\ b_1 \\ c_1 \\ d_1 \\ e_1 \\ f_1 \end{bmatrix} = \begin{bmatrix} 0.13 \\ -1740.42 \\ 0.12 \\ -1.47 \\ 0.64 \\ 6.3e-6 \end{bmatrix} \tag{5-18}$$

$$\begin{bmatrix} -23 & 0.177 & 98 & 0 & 30 & 3.5 \\ -24 & 0.177 & 98 & 1 & 30 & 2.5 \\ -23 & 0.203 & 92 & 1 & 0 & 7.5 \\ -23 & 0.220 & 92 & 1 & 30 & 10.0 \\ -17 & 0.200 & 86 & 1 & 0 & 13.0 \\ -22 & 0.200 & 86 & 1 & 30 & 8.0 \end{bmatrix} \cdot \begin{bmatrix} a_2 \\ b_2 \\ c_2 \\ d_2 \\ e_2 \\ f_2 \end{bmatrix} = \begin{bmatrix} 0.22 \\ -16.9 \\ 0.11 \\ -4097.84 \\ 0.3 \\ 0.02 \end{bmatrix} \quad (5\text{-}19)$$

$$\begin{bmatrix} -23 & 0.177 & 98 & 0 & 30 & 3.5 \\ -24 & 0.177 & 98 & 1 & 30 & 2.5 \\ -23 & 0.203 & 92 & 1 & 0 & 7.5 \\ -23 & 0.220 & 92 & 1 & 30 & 10.0 \\ -17 & 0.200 & 86 & 1 & 0 & 13.0 \\ -22 & 0.200 & 86 & 1 & 30 & 8.0 \end{bmatrix} \cdot \begin{bmatrix} a_3 \\ b_3 \\ c_3 \\ d_3 \\ e_3 \\ f_3 \end{bmatrix} = \begin{bmatrix} 6.28 \\ 1739.77 \\ 29.16 \\ 1.47 \\ 15.8 \\ 21.86 \end{bmatrix} \quad (5\text{-}20)$$

$$\eta = I \exp \frac{\nabla T}{J} + K \quad (5\text{-}21)$$

$I = -82.59 T_c - 3477.96 \nabla T_0 - 50.60 C_0 - 4094.73 W + 27.86 P + 811.25 T_w$

$J = 898.76 T_c - 85825.52 \nabla T_0 + 404.69 C_0 + 26498.54 W + 406.65 P - 4570.43 T_w$

$K = 86.29 T_c + 3040.7 \nabla T_0 + 52.09 C_0 + 4186.22 W - 25.59 P - 823.97 T_w$

由瞬态冻胀率与温度梯度回归关系式(5-21)可知,土体冻结过程中的瞬时冻胀率与温度梯度成指数关系。同时,冷端温度、暖端温度、初始温度梯度、初始压实度、补水条件和上覆压力对冻胀率的影响因试验条件的不同而不同。

冻胀率与温度梯度回归关系式(5-21)综合考虑了土体参数和试验条件对土体冻胀过程的影响。在单向冻结条件下,在已知土体试件的初始压实度和冻胀条件的基础上,根据冻土区的温度梯度即可求得对应的土体的冻胀率。同样,需要说明的是,上述瞬时冻胀率与瞬时温度梯度回归关系的确定需要积累更多的试验样本,通过统计回归得到具体的参数值。目前,式(5-21)是瞬时冻胀率与瞬时温度梯度回归关系的特殊形式,该式可表征土体冻结过程中瞬时冻胀率与瞬时温度梯度的关系,以及试验条件和土体参数对模型中试验参数的影响效应。

5.5 饱和粉质黏土冻胀率的经验模型

土体冻结过程中,瞬时冻结速率、冻胀速率和冻胀率与冻结缘内的瞬时温度梯度之间具有较好的相关性。土体冻胀特性指标与温度梯度回归关系的建立,明确了土体的冻结机制和冻胀发展规律,同时可以准确预估土体冻结的动态发展过程。然而,在工程实践中更受瞩目的是,土体在整个冻结周期内表现出的稳态的冻胀特性。根据稳态冻胀特性预估土体可能产生的冻胀变形的大小,并进一步指导工程设计和冻害防治是工程应用的关键问题。

单向冻结条件下,饱和粉质黏土的稳态冻胀率等于土体在冻结过程中所能产生的最大冻胀变形与最大冻结深度的比值,常用百分比表示,是无量纲量。基于前述研究,参考 Takashi 冻胀率预估模型,在考虑试验条件和材料参数对土体冻胀敏感性影响的前提下,建立稳态冻胀率的经验预估模型。

5.5.1 经验模型的建立

1978 年,Takashi[156]基于室内冻胀试验研究,提出了单向冻结条件下的土体冻胀率预估模型(Takashi Model)。Takashi 模型根据土体冻结过程中受到的上覆压力和冻结速率推算土体的冻胀率,涉及的参数包括上覆压力、冻结速率和 3 个土体试验参数,均是针对整个冻结周期而言的状态量。此外,Takashi 模型中的 3 个土体参数是表征不同土体、不同工况对冻胀率的影响,即:

$$\eta = a + \frac{1}{\sigma}(b + \frac{c}{\sqrt{u}}) \tag{5-22}$$

式中:η——冻胀率,%;

σ——上覆压力,kPa;

u——冻结速率,mm/h;

a,b,c——土体参数,通过试验得到。

由式(5-22)可知,Takashi 模型中不涉及冷端温度和压实度,参考第 3 章和第 4 章的试验分析可知,冻胀率与冷端温度和压实度直接相关。因此,Takashi 模型对冻胀率影响因素的考虑不充分,对冻胀率的预估存在缺陷。鉴于此,首先,参考式(5-9)瞬时冻结速率与瞬时温度梯度的关系,用温度梯度替换 Takashi 模型中的冻结速率。然后,参考 3.4.2 节中有关冷端温度和压实度对冻胀率影响的分析结果,确定冻胀率与冷端温度正相关,与压实度负相关。进而,将冷端温度和压实度引入 Takashi 模型,建立稳态冻胀率的经验预估模型,即:

$$\eta = \frac{1}{\sigma}(a\sqrt{\nabla T} + bT_c + c) + d + \frac{e}{C} \tag{5-23}$$

式中:a,b,c,d,e——土体试验参数,通过试验得到。

式(5-23)是修正 Takashi 模型得到的稳态冻胀率经验预估模型的基本形式。

在该预估模型中，冻胀率与冷端温度、温度梯度正相关，与上覆压力、压实度负相关。此外，冻胀率与 5 个土体试验参数正相关。综上可知，确定冻胀率经验预估模型的关键是求解式(5-23)中的 5 个未知土体试验参数；对应地，需要求解六元一次方程组。鉴于此，选择 4 号试件、5 号试件、6 号试件、7 号试件和 8 号试件作为样本，将已知的试验参数代入式(5-23)得到未知系数矩阵方程式(5-24)。

$$\begin{bmatrix} \frac{1}{1.3}\sqrt{0.177} & \frac{-24}{1.3} & \frac{1}{1.3} & 1 & \frac{1}{0.98} \\ \sqrt{0.203} & -23 & 1 & 1 & \frac{1}{0.92} \\ \frac{1}{1.3}\sqrt{0.22} & \frac{-23}{1.3} & \frac{1}{1.3} & 1 & \frac{1}{0.92} \\ \sqrt{0.2} & -17 & 1 & 1 & \frac{1}{0.86} \\ \sqrt{0.13} & -9.5 & 1 & 1 & \frac{1}{0.86} \end{bmatrix} \cdot \begin{bmatrix} a \\ b \\ c \\ d \\ e \\ f \end{bmatrix} = \begin{bmatrix} 0.14 \\ 0.35 \\ 0.32 \\ 0.35 \\ 0.28 \end{bmatrix} \quad (5\text{-}24)$$

进而，将方程组式(5-24)的系数矩阵输入 Matlab 求解器，得到未知矩阵式(5-25)的解，预估模型见式(5-26)。

$$[a,b,c,d,e,f]^T = [2.1951, 0.0012, -0.6956, -1.5070, 1.4644]^T \quad (5\text{-}25)$$

$$\eta = \frac{1}{\sigma}(2.1951\sqrt{\nabla T} + 0.0012 T_c - 0.6956) - 1.507 + \frac{1.4644}{C} \quad (5\text{-}26)$$

由稳态冻胀率预估模型式(5-26)可知：①冻胀率与温度梯度和冷端温度正相关，与上覆压力和压实度负相关，与 3.4.3 节的分析结果一致，说明该模型中对冻胀率影响因素的考虑是正确的；②该模型综合考虑了上覆压力、温度梯度、冷端温度和压实度对冻胀敏感性的影响。分析表明，常水位补水的单向冻结作用下，土体的冻胀敏感性与试验条件和土体压实状态有关，验条件的不同导致冻胀率的不同。

5.5.2　经验模型的验证

在土体冻胀试验研究的基础上，验证稳态冻胀率经验预估模型(5-26)的可靠性。首先得到冻胀率预估结果与实测结果对比，如图 5-10 所示。

图 5-10 给出了不同试验条件下实测冻胀率和预估冻胀率的结果，上述 12 组结果的数据点大都分布在 45°线附近，说明计算结果接近真实值。此外，少部分数据点在 45°线下方，说明预估冻胀率大于实测冻胀率，即预估结果偏于保守和安全。鉴于此，可以判定：稳态冻胀率经验预估模型式(5-26)的计算结果是合

理的。为了定量评价预估结果的可靠性,采用估计值标准误差对结果进行检验。

$$\sigma_s = \sqrt{\frac{1}{N}\sum_{i=1}^{N}(x_i - y_i)^2} \quad (5\text{-}27)$$

式中,σ_s——估计值标准误差;
　　　N——样本数;
　　　x_i——第 i 个预测值;
　　　y_i——第 i 个实测值。

根据式(5-27)计算得到估计值的标准误差为6.07%,满足工程应用的精度要求,说明稳态冻胀率预估模型的预估结果是准确且可信的。

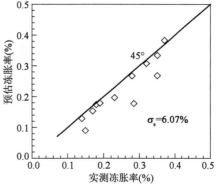

图 5-10　冻胀率预估结果的检验

5.6　本章小结

基于饱和粉质黏土的室内冻胀试验研究,分析了土体冻结过程中的冻胀特性及温度分布规律,在明确冻胀变形随水—温分布变化规律的同时,提出用温度梯度表征冻土内的温度状态。进而采用统计回归方法,推导出土体冻结过程中冻结速率、冻胀速率及冻胀率与温度梯度的关系,得到饱和正冻土冻胀发展的内在机制。最后,基于饱和正冻土冻胀发展机制的研究结果,修正Takashi模型,建立了饱和粉质黏土冻胀率经验预估模型。

(1)饱和正冻土冻结深度和冻胀变形的发展与土体内的温度状态直接相关,冻结锋面以上部分土体的温度梯度可以准确表征土体内的温度分布。因此,土体的冻结速率、冻胀速率和冻胀率与温度梯度之间存在内在关系。

(2)土体冻结过程中的瞬时冻结速率和瞬时冻胀速率与冻结缘内的瞬时温度梯度成对数关系,在已知土体试件的初始压实度和冻胀试验条件的基础上,根据试验过程中冻结缘内的温度梯度即可求得对应的冻结速率和冻胀速率。

(3)土体冻结过程中的瞬时冻胀率与冻结缘内的瞬时温度梯度成指数关系,在已知土体压实度和冻胀试验条件的基础上,根据试验过程中冻结缘内的温度梯度即可求得对应的冻胀率。

(4)基于瞬时冻结速率与瞬时温度梯度的回归关系,用温度梯度替换冻结速率对冻胀率的影响,并引入冷端温度和压实度修正Takashi模型,建立了稳态冻胀率经验预估模型,并基于室内冻胀试验结果,验证了该模型的准确性和可靠性。

第6章 温-湿耦合作用下土体冻胀的数值模型

饱和粉质黏土冻结过程的数值模拟是预测土体冻结过程中温度分布特性和冻胀变形的重要方法。随着数值方法的发展和冻土研究的深入，对冻胀问题的研究从最初的热力学分析逐步过渡到多物理场耦合模拟，冻胀发展的模拟结果也越来越贴近实际。通过室内冻胀试验研究以及对土体冻胀规律的分析可知，材料特性与温度、水分和应力的综合作用是决定正冻土温度分布和冻胀发展的关键因素，在数值建模过程中需要详细考虑以上各因素的影响效应。

本章依托于室内土体冻胀试验研究结果，基于多孔介质传热理论、孔隙水渗流理论和材料的应力-应变关系，通过耦合含相变的非稳态温度控制方程、水分迁移控制方程和应力-应变关系，建立土体冻结过程的温-湿耦合数值模型。温-湿耦合模型综合考虑土体冻结过程中的传热、渗流、变形问题，并兼顾温度依赖参数的非稳态特性，实现对土体冻结过程的数值仿真。

6.1 土体的冻结过程与基本假设

6.1.1 冻结过程的基本描述

冻土的组成包括土颗粒、孔隙冰、未冻水以及空气，是典型的多孔多相介质。对于饱和粉质黏土，土体组成中不包括空气，故只需考虑土颗粒、孔隙冰和未冻水三相组分。随着环境温度的改变，饱和土内孔隙冰和未冻水的含量不断变化，而材料的热物参数和力学性能与土体各组分的比例直接相关。

单向冻结条件下，土体上表面接受源源不断的冷量输入，沿深度方向逐步发生冻结。随着冻结锋面的移动，土体内的温度分布、渗流作用及应力应变都会发生改变，而温度场、湿度场和应力场之间的作用是相互的（图6-1）。

图6-1给出土体冻结过程中温度、湿度和应力间的相互作用关系。

（1）温度与湿度间的相互作用。在温度梯度作用下，孔隙水受土水势的作用发生定向迁移；同时，水分迁移过程中水分的运动和含水率的改变将引起热量的消耗和释放。

第6章 温-湿耦合作用下土体冻胀的数值模型

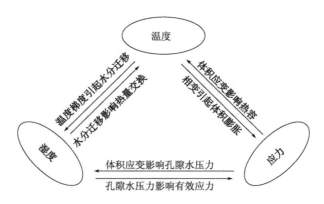

图 6-1 土体冻结过程中水热力间的相互关系

(2)温度与应力间的相互作用。在负温条件下,土中水相变成冰后体积膨胀,改变土体内的应力分布状态;土体内体积应力的改变引起土颗粒、孔隙水和孔隙冰的重分布,改变材料的热物参数,进而影响正冻土的温度分布。

(3)湿度与应力间的相互作用。冻土各组成成分间的应力-应变状态是一致的,所以体积应变的改变会直接引起孔隙水压力的改变;当含水率变化或者相变产生时,孔隙水压力的改变又将通过改变土颗粒间的有效应力影响应力分布。

土体冻结过程之中,当温度降低至孔隙水结冰点时,土体内的水分发生相变并释放潜热,土体内的土水势平衡状态被打破,未冻水从未冻结区域向冻结区域迁移。土体内部的热质不平衡作用导致土体内的水分发生迁移,当土体顶端不断输入冷量,土体温度持续降低时,水分发生相变,未冻结区域内的水分迁移至冻结锋面处。当来自未冻结区的水分冻结不能维持冻结缘内的温度平衡时,相变界面将向暖端推进,冻结锋面发生移动。

综上可知,冻结过程中土体内的温度场、湿度场和应力场之间是相互影响、相互制约的,正冻土的水-热耦合效应是决定土体冻结发展的内在因素。鉴于此,基于温-湿耦合效应和数值分析方法,建立路基土冻胀变形分析模型。

6.1.2 基本假设

为了对土体冻结过程中各物理场的发展和交互作用进行合理的数学建模,需要在保证预估结果可靠的基础上最大限度的简化模型并对模型进行优化。基于此,饱和粉质黏土冻胀变形的数值模拟建立在如下假设之上。

(1)土体各向均质同性,冻结温度为 0,土颗粒、孔隙水和孔隙冰不可压缩[157]。

(2)土体冻结前,试件内部不存在裂隙和微裂缝等结构缺陷。

(3) 水分运动符合 Darcy 定律,水分迁移以液体形式进行,不考虑冰晶的迁移。

(4) 不考虑水平方向的热量传导和水分迁移,忽略热应力。

6.2 土体冻胀温-湿耦合模型的建立

土体冻结过程中涉及复杂的传热、渗流和变形问题,为了使数值模拟过程和计算结果更贴近实际,需要基于温-湿耦合效应对土体的冻结过程进行数值模拟。基于多孔介质传热理论、孔隙水渗流理论和材料的应力-应变关系,通过耦合含相变的非稳态温度控制方程、水分迁移控制方程和应力-应变关系,建立土体冻结过程的温-湿耦合数值模型。

6.2.1 正冻土的水分迁移模型

土体冻结过程中,随着温度梯度的改变,孔隙水从土水势高的区域流向水势低的区域;伴随冻结作用的发展,土体的多孔属性随之改变,综合孔隙水的迁移作用,引起土体内的水分重分布现象。水分迁移作用在改变土体内含水率的同时通过增大相变潜热的释放影响正冻土的温度分布,此外,水分迁移是引起冻胀变形的主要因素。因此,需要将土体冻结过程中的水分迁移作用和传热过程进行耦合,模拟渗流-传热耦合作用下土体的冻结过程。

土体冻结过程中,在各种势能驱动下的渗流现象是水分迁移的本质。水分迁移的驱动力定义为土水势,由重力势、压力势、溶质势、基质势和温度势组成[158]。将单位数量的土体水分从某一点移动到标准参考状态平面处,而其他各项参数均保持不变时,土体水所做的功称为该点土体内水的重力势。重力势是由于重力场的存在而引起的,取决于土体内水的高度或垂直位置。温度势由温度场的温差引起,等于土体温度与标准参考状态的温度差乘以单位数量土体水分的熵值。压力势是由于压力场中压力差的存在引起的。基质势是由于土体基质对土体水分的吸持作用引起的,土体基质吸力对土体水分的吸附机理十分复杂,包括吸附作用和毛细作用两部分。非饱和土体的基质势小于零,饱和土体的基质势等于零。溶质势是土体溶液中所含有的全部溶质对土体水分综合作用表现出的势能。

土体作为多孔介质,材料的热物参数和动力性能随温度的不同而不同,从而影响基质势、溶质势、渗透系数等水分迁移参数。此外,以温度为主导的相变作用通过改变土体内的未冻水含量影响水分迁移作用。因此,为了模拟饱和粉质黏土冻结过程,需要在考虑相变的非稳态温度场基础上对水分迁移作用进行模型。

首先,分析正冻土的体积含水率、体积含冰率和体积含湿率。其中,体积含湿率等于水的体积含水率和体积含冰率的和,即:

$$\theta = \theta_w + \theta_i \tag{6-1}$$

式中:θ——体积含湿率,%;

θ_w——体积含水率,%;由式(6-2)计算得到;

θ_i——体积含冰率,%;由式(6-3)计算得到。

$$\theta_w = n(1 - S_i) \tag{6-2}$$

式中:n——孔隙度,%;

S_i——孔隙冰的体积含量,%;由式(6-4)确定[159]。

$$\theta_i = nS_i \tag{6-3}$$

$$S_i = \begin{cases} 0 & T > T_0 \\ 1 - [1 - (T - T_0)]^\alpha & T \leq T_0 \end{cases} \tag{6-4}$$

式中:T——温度,℃;

T_0——孔隙水的冻结温度,℃;

α——与土体类型有关的试验参数。

因此,正冻土内湿度的体积含量与孔隙冰的体积含量有关,是温度依赖函数。土单元的质量等于土颗粒质量、未冻水质量和孔隙冰质量之和,即:

$$m = m_i + m_w + m_s = \rho_i n S_i dV + \rho_w n(1 - S_i) dV + \rho_s (1 - n) dV \tag{6-5}$$

式中:m——单位土单元的质量,kg;

m_i——单位土单元内冰的质量,kg;

m_w——单位土单元内水的质量,kg;

m_s——单位土单元内土颗粒的质量,kg;

ρ_i——冰的密度,kg/m³;

ρ_w——水的密度,kg/m³;

ρ_s——土颗粒的密度,kg/m³;

dV——土单元的体积,m³。

土体冻结过程中,忽略孔隙冰和土颗粒的迁移,因此,试件内的水分迁移质量等于未冻水的迁移质量,即:

$$m_1 = \rho_w v_w dA \Delta t \tag{6-6}$$

式中:m_1——水分迁移质量,kg;

v_w——未冻水的渗流速度,m/h;

dA——垂直于水流方向的横截面面积,m^2;

Δt——单位时间增量,h。

在土体冻结过程中,土体内各组成部分的质量随着相变作用和水分迁移的发展而发生改变。根据质量守恒定律,得到单位土单元内各组分的质量守恒公式(6-7),即:

$$(m_i + m_w + m_s + m_1)|t = (m_i + m_w + m_s + m_1)|t + \Delta t \tag{6-7}$$

由于冻结过程中土颗粒质量不变,将上式展开后逐项合并,并带入各质量参数的表达式,具体简化过程如下:

$$m_{i_t} + m_{w_t} + \rho_w v_w \mathrm{d}A \Delta t = m_{i_{t+\Delta t}} + m_{w_{t+\Delta t}} + \rho_w \left(v_w + \frac{\partial v_w}{\partial z} \mathrm{d}z \right) \mathrm{d}A \Delta t$$

$$\frac{\partial m_i}{\partial t} + \frac{\partial m_w}{\partial t} = -\rho_w \frac{\partial v_w}{\partial z} \mathrm{d}A \mathrm{d}z$$

$$\frac{\partial(\rho_i n S_i \mathrm{d}V)}{\partial t} + \frac{\partial[\rho_w n(1-S_i) \mathrm{d}V]}{\partial t} = -\rho_w \frac{\partial v_w}{\partial z} \mathrm{d}A \mathrm{d}z$$

$$\frac{\partial(\rho_i n S_i)}{\partial t} + \frac{\partial[n(1-S_i)]}{\partial t} = -\rho_w \frac{\partial v_w}{\partial z}$$

$$n(\rho_i - \rho_w)\frac{\partial S_i}{\partial T}\frac{\partial T}{\partial t} + [\rho_i S_i + \rho_w(1-S_i)]\frac{\partial n}{\partial t} = -\rho_w \frac{\partial v_w}{\partial z}$$

$$\frac{n(\rho_i - \rho_w)}{\rho_w}\frac{\partial S_i}{\partial T}\frac{\partial T}{\partial t} + \frac{\rho_i S_i + \rho_w(1-S_i)}{\rho_w}\frac{\partial n}{\partial t} = -\frac{\partial v_w}{\partial z} \tag{6-8}$$

式中:z——位置水头,m。

综上所述,式(6-8)为土体冻结过程中土单元内的质量守恒表达式。进一步地,土体内的水分运动的渗流速度由式(6-9)计算得到。

$$v_w = -k \nabla \phi \tag{6-9}$$

式中:k——土的渗透系数,m/s;

ϕ——土水势,J;

其他符号意义同上。

对于正冻土,材料的渗透系数随着孔隙冰含量的增加不断减小,研究表明,冻土的渗透系数是温度依赖函数[64],发展规律满足下式:

$$k = k_0 [1 - (T - T_0)]^\beta \tag{6-10}$$

式中:k_0——饱和未冻土的渗透系数,m/s;

β——依赖孔隙尺寸的土体参数。

土水势包括压力势、温度势、溶质势、基质势和重力势,见式(6-11)。其中,由于补给水不含溶质,溶质势等于零;由于是饱和土,基质势等于零。

$$\varphi = \phi_p + \phi_T + \phi_s + \phi_m + \phi_g \quad (6-11)$$

式中：ϕ_p——压力势,J,由式(6-12)计算得到；

ϕ_T——温度势,J,由式(6-13)计算得到；

ϕ_s——溶质势,J；

ϕ_m——基质势,J；

ϕ_g——重力势,J,由式(6-14)计算得到。

$$\phi_p = \frac{P_w}{\rho_w g} \quad (6-12)$$

式中：P_w——孔隙水压力,kPa。

$$\phi_T = k_T S \Delta T \quad (6-13)$$

式中：k_T——温度势系数,当温度与渗透压力相关时,$k_T = 0$；

S——土体内的能量,J。

$$\phi_g = z \quad (6-14)$$

进而,得到土水势计算公式为：

$$\varphi = \frac{P_w}{\rho_w g} + z \quad (6-15)$$

综上所述,基于达西渗流方程、质量守恒定律及渗流特性模型,建立土体冻结过程中的水分迁移控制方程式(6-15),该式可以用于计算正冻土的水分重分布。

6.2.2 考虑相变的非稳态温度模型

在季节性冻土地区,路基土的冻结状态以及温度分布情况是决定路基强度、稳定性、耐久性和行车荷载作用下动力响应的关键因素。因此,加强冻土区温度场的研究,对冻土工程的建设和冻害的防治具有重要意义。

土体冻结过程中,随着冻结锋面的移动,冻结缘内的孔隙水发生相变作用变成孔隙冰,随之释放一定量的相变潜热。相变潜热的释放,在一定程度上抑制冰冻作用的发展,因此,需要在传热控制过程中考虑相变潜热对土体冻结过程中温度场分布和发展的影响。考虑相变的非稳态温度场的控制方程是依赖时间的瞬态导热方程,潜热的释放发生在孔隙冰和孔隙水的交界面(即冻结锋面)处,同时,两相交界面是随时间不断移动的[160]。

基于基本传热理论和多孔介质理论,通过理论建模得到路基温度场的控制理论,进而通过有限元方法求解路基温度场的分布情况。

单位土单元内部的热量交换过程满足能量守恒定律,其中涉及的热通量包

括相变潜热、水分迁移热、传导热和热增量四个部分[161],即:

$$E_1 = E_2 + E_3 - E_4 \tag{6-16}$$

式中:E_1——热增量,J/m^3,由式(6-17)计算得到;
E_2——相变潜热,J/m^3,由式(6-19)计算得到;
E_3——传导热,J/m^3,由式(6-20)计算得到;
E_4——迁移热,J/m^3,由式(6-22)计算得到。

$$E_1 = C \frac{\partial T}{\partial t} dV \tag{6-17}$$

式中:C——土的有效体积热容,$J/(kg \cdot ℃)$,由式(6-18)计算得到。

$$C = (1-n)C_s + n(1-S_i)C_w + nS_iC_i \tag{6-18}$$

式中:C_s——土颗粒的体积热容,$J/(kg \cdot ℃)$;
C_w——水的体积热容,$J/(kg \cdot ℃)$;
C_i——冰的体积热容,$J/(kg \cdot ℃)$;
其他符号同上。

$$E_2 = L\rho_w \frac{\partial(nS_i dV)}{\partial t} \tag{6-19}$$

式中:L——水变成冰的相变潜热,$L = 33.4 \text{kJ/kg}$。

$$E_3 = \frac{\partial}{\partial x}(\lambda \nabla T dV) \tag{6-20}$$

式中:λ——冻土的导热系数,$W/(m \cdot ℃)$,由式(6-21)计算得到。

$$\lambda = \lambda_s^{1-n} \lambda_w^{n(1-S_i)} \lambda_i^{nS_i} \tag{6-21}$$

式中:λ_s——土颗粒的导热系数,$W/(m \cdot ℃)$;
λ_w——水的导热系数,$W/(m \cdot ℃)$;
λ_i——冰的导热系数,$W/(m \cdot ℃)$。

$$E_4 = C_w v_w \nabla T dV \tag{6-22}$$

进而,得到土体冻结过程中的温度场控制方程,即:

$$C \frac{\partial T}{\partial t} = L\rho_w \frac{\partial(nS_i)}{\partial t} + \frac{\partial}{\partial x}(\lambda \nabla T) - C_w v_w \nabla T \tag{6-23}$$

综上,基于傅里叶定律及能量守恒原理,得到了考虑相变的非稳态温度场控制方程式(6-23),该方程可用于模拟土体冻结过程中的温度分布特性。

6.2.3 边界条件

在室内冻胀试验中,土体试件上、下两端表面的温度已知,侧表面处于绝缘状态。因此,在温度场模拟过程中,上、下边界采用第一类边界条件,左、右边界采用第二类边界条件。对于上、下两边界,边界温度已知,边界温度的线积分项为零,见式(6-24);对于左、右边界,边界上热流密度为零,见式(6-25)。

$$\oint \Gamma k w_l \frac{\partial T}{\partial n} \mathrm{d}s = 0 \tag{6-24}$$

式中:w_1——加权函数,采用 Galerkin 法对加权函数定义,$w_1 = \frac{\partial T}{\partial T_1}$。

$$q = -k\frac{\partial T}{\partial n} = 0 \tag{6-25}$$

式中:q——边界热流密度,J/m^2。

水分迁移的计算结果与边界条件密切相关。土体冻结过程中,采用开放系统常水位补水系统在土体试件底面进行水分补给,而试件顶面和侧面无水分补给和水分流失。因此,下边界的边界条件为已知水头通量的第二类边界,见式(6-26);左右边界和上边界为表面通量为零的第二类边界条件,见式(6-27)。

$$R(t) = \rho g(H_0 - D) \tag{6-26}$$

$$-\vec{n} \cdot \rho \vec{u} = 0 \tag{6-27}$$

土体冻结过程中,假设土体只发生与重力方向平行的竖向变形,忽略水平向的变形;同时,在试件顶面施加的上覆压力需要加以考虑。因此,左、右边界为竖向滚动边界条件,见式(6-28);下边界为固定约束边界条件,见式(6-29);上边界位移自由,有附加压力,见式(6-30)。

$$u = 0 \tag{6-28}$$

式中:u——水平位移向量。

$$v = 0 \tag{6-29}$$

式中:v——竖直位移向量。

$$p = p_0 \tag{6-30}$$

式中:p——上边界荷载向量。

6.2.4 冻胀变形的计算

饱和土冻结过程中产生的冻胀变形等于原位冻胀变形与分凝冻胀变形之和。所谓原位冻胀变形是土体初始状态含有的原位孔隙水在相变作用下产生的体积增量,由式(6-31)计算得到。分凝冻胀变形是指水分迁移作用下土体内水分增量相变后产生的体积增量,由式(6-32)计算得到。

$$\Delta h_0 = 0.09 n \cdot h \tag{6-31}$$

式中:Δh_0——原位冻胀变形,mm;

n——土体的初始孔隙率,%;

h——土体试件的初始高度,mm。

$$\Delta h_1 = 1.09 \frac{Q}{A} = 1.09 \int_0^t \mathrm{dl}.vdt \qquad (6-32)$$

式中:Δh_1——分凝冻胀变形,mm;

Q——水分迁移量,mm^3;

A——试件横截面积,mm^2;

$\mathrm{dl}.v$——渗流速度,mm/s。

基于上述分析可知,正冻土的原位冻胀变形较小(冻胀率约等于3%~5%),150mm高试件的原位冻胀变形等于5.4mm。而分凝冰产生的冻胀变形主要取决于冻结过程中的水分迁移量,以及冻结条件下的渗流速度。综上所述,可得到饱和土冻胀变形的计算公式(6-33)。由式(6-33)可知,冻胀变形与渗流速度、孔隙率、试件高度和冻结试件有关,而渗流深度是冻结温度、上覆压力和材料参数的函数。

$$\Delta h = \Delta h_0 + \Delta h_1 = 9\% \cdot n \cdot h + 1.09 \int_0^t \mathrm{dl}.vdt \qquad (6-33)$$

式中:Δh——总冻胀变形,mm。

上述建立的温-湿耦合数值模型在综合考虑传热-渗流-变形的基础上,在依据实际试验条件设置初值和边界条件的前提下,可以对饱和粉质黏土的冻结过程进行模拟,并得到土体在单向冻结条件下的温度分布特征、水分迁移特征和冻胀变形的发展过程。基于此,依次对不同试验条件下的室内土体冻结试验进行数值模拟,通过比对试验结果评价数值模型的可靠性。

6.3 土体冻胀温-湿耦合模型的验证

针对季节性冻土地区饱和粉质黏土冻胀变形的预估问题,以室内土体冻胀试验为例,基于温-湿耦合数值模型,研究单向冻结条件下饱和粉质黏土的温度分布特性和冻胀发展规律。基于数值模型预测结果和室内冻胀试验结果,验证饱和粉质黏土冻结过程数值模型的可靠性。

6.3.1 模型参数

1)材料与参数

土是多孔多相材料,饱和土的密度和热物参数由土颗粒、水、冰的材料参数和体积比例决定。在数值模型中,根据土体的饱和度、含水率和含冰率可以得到土体在不同温度条件下的密度、导热系数和体积热容。参考既有研究及表4-1得到试验用土的基本参数,见表6-1。

第6章 温-湿耦合作用下土体冻胀的数值模型

土体基本参数[49] 表6-1

参数	密度(kg/m³)			导热系数[W/(m·K)]			质量热容[J/(kg·K)]		
	ρ_w	ρ_i	ρ_s	λ_w	λ_i	λ_s	c_w	c_i	c_s
值	1000	917	1740	0.58	2.22	1.5	4180	1874	2360

2) 几何与网格

室内土体冻胀试验是单向冻结条件下的一维问题，为此，在二维直角坐标系下，建立宽为10cm、高为15cm的长方体几何模型；并划分四边形网格单元，单元数为1785，节点数为2120，如图6-2所示。

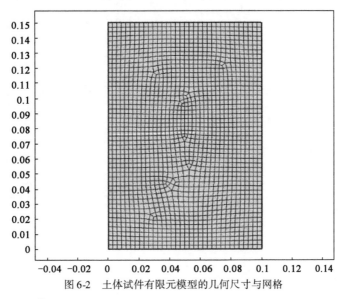

图6-2 土体试件有限元模型的几何尺寸与网格

3) 边界与初值

数值模型的边界条件根据试验实测结果确定，其中，温度边界参考图4-5，其他边界参考6.2.4节。模型初值按照材料组分的比例进行设置，相关参数见表6-2。

各组试验的孔隙率与上覆压力 表6-2

分组	1号	2号	3号	4号	5号	6号
孔隙率	25.6%	25.6%	25.6%	25.6%	31.3%	31.3%
上覆压力(kPa)	30	0	0	30	0	30
分组	7号	8号	9号	10号	11号	12号
孔隙率	35.0%	35.0%	35.0%	25.6%	31.3%	31.3%
上覆压力(kPa)	0	0	30	0	0	60

6.3.2 温度分布规律的验证

1）瞬态温度分布的验证

正冻土的温度分布特性是决定冻结发展和冻胀生长的关键，为了评价温-湿耦合数值模型对温度预测结果的有效性，调出不同深度处温度随时间的变化情况，并得到预估结果与实测结果的对比，如图6-3所示。

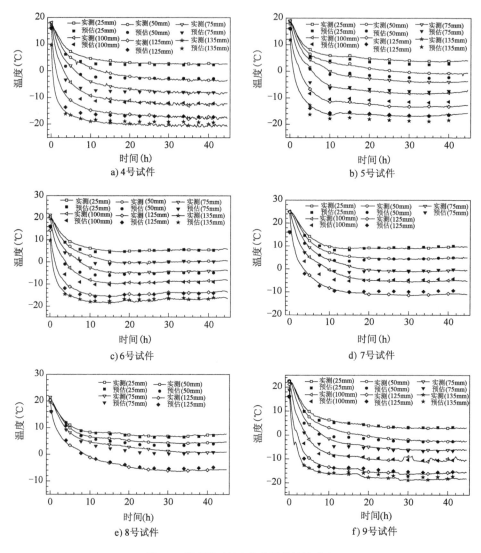

图6-3 温度随时间变化的预估结果对比

由图6-3可知：

(1)在土体降温阶段，个别试件中个别土层的计算温度低于实测温度。正冻土的温度分布情况直接影响土体内的温度梯度和土体的冻结速率，因此，对数值模型计算结果中的温度梯度和冻结速率进行验证。

(2)冻结稳定阶段，数值模型的计算温度与实测温度基本吻合。这说明对稳态温度场的模拟非常可靠。

(3)不同位置处土层温度的区分度较高，说明网格划分合理、步长设置合理。

2)温度梯度及冻结速率的验证

参考4.1.1节的内容，对4号、5号、6号、7号、8号和9号试验进行数值模拟，得到不同试验条件下土体冻结过程中温度梯度和冻结速率随时间分布情况，得到预估结果与实测结果对比，如图6-4所示。

由图6-4可知：

(1)土体冻结初期，温度梯度的预估结果小于实测结果。与温度随时间变化情况的预估结果一致，说明在降温过程中，土体内的温度分布特性的预估存在偏差。

(2)土体冻结稳定时间的预估结果与实测结果一致。尽管降温阶段的预估存在偏差，但整个降温过程的持续时间的预估是准确的。

(3)温度达到稳定状态后，温度梯度的预估结果与实测结果一致。

(4)冻结速率的预估结果始终处于实测结果的中线位置，与第5章中平均冻结速率的实测结果(图5-3)一致。因此，冻结速率的预估结果是准确可信的。

6.3.3 冻胀发展规律的验证

土体冻结过程中，随着冻结作用的发展，土体的冻胀变形和冻胀率随时间发生改变。为了评价数值模型对土体冻胀特性预估结果的有效性，依次对冻胀变形随时间的发展情况、最大冻胀变形及冻胀率结果进行验证。

1)冻胀变形发展的验证

基于温-湿耦合数值模型，根据式(6-33)计算土体冻结过程中不同时刻产生的冻胀变形；并得到冻胀变形随时间变化的发展曲线，通过对比预估结果和实测结果，评价冻胀变形预估结果的可靠性，如图6-5所示。

由图6-5可知：

(1)在冻胀发展阶段，预估冻胀变形大于实测冻胀变形，预估冻胀变形曲线的斜率大于实测结果，且预估冻胀变形先于实测冻胀变形达到稳定状态。

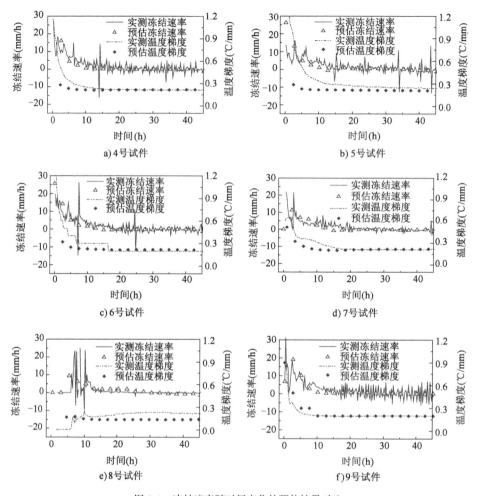

图 6-4 冻结速率随时间变化的预估结果对比

（2）最大冻胀变形的预估结果与实测结果基本一致。这说明该模型对最大冻胀变形的预估较准确。

（3）基于可靠的温度分布预估结果和最大冻胀变形预估结果可知，冻结深度和冻胀率的预估结果是准确可靠的。

正冻土温-湿耦合模型对冻胀发展阶段的预估存在一定偏差，主要表现为预估冻胀速率过大、冻结稳定时间过短。分析可知，引起上述偏差的原因有以下两个方面：

（1）渗透系数与实际值的偏差。渗透系数直接影响土体冻结过程中的水分迁移速率，进而影响冻胀变形的发展。由式(6-10)可知，渗透系数是温度的单值函数，正冻土温-湿耦合模型只考虑温度对渗透系数的影响，忽略孔隙率变化对渗透系数的改变效应。而 3.3.1 节分析显示，土体的孔隙率随着冻结作用的发展不断增大，因此，冻胀的发展在一定程度上影响渗透系数的改变。鉴于上述分析可知，Gilpin 提出的渗透系数计算式对冻胀变形发展阶段渗透系数的表征不够准确，孔隙率作为影响渗透系数的关键参数应引入渗透系数计算公式中。

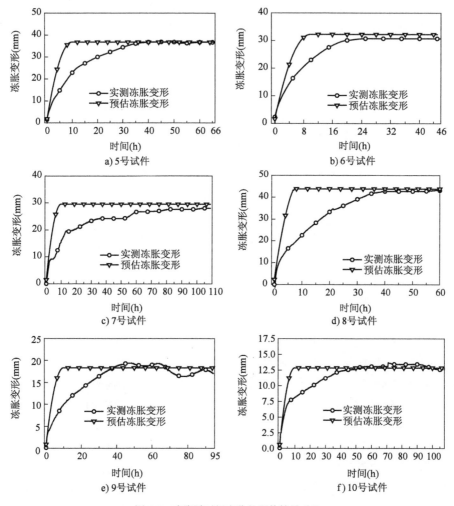

图 6-5 冻胀随时间变化的预估结果对比

（2）温度梯度预估值与实际值的偏差。由 5.3.2 节可知，冻胀发展阶段温度梯度的预估结果与实测值存在偏差，同时，瞬时冻胀速率是温度梯度的函数，因此温度梯度预估值与实测值的偏差会引起冻胀速率和冻结稳定时间预估结果的偏差。综上所述,正冻土温-湿耦合模型对冻胀发展阶段的模拟需要做更深入的探索和改进,主要涉及的问题包括渗透系数随冻胀发展的改变和温度场随冻结发展的改变两方面。

2)稳态冻胀率的验证

基于上述分析,依据温度场预估结果计算冻结深度的预估值,并与最大冻胀变形做商,得到不同试验条件下土体冻胀率的预估结果。将各组试验实测得到的冻胀率与预估冻胀率进行对比,评价冻胀率预估结果的可靠性,如图6-6所示。

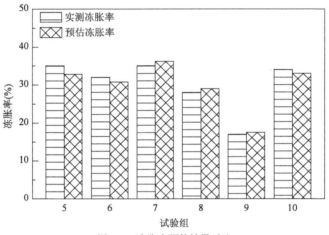

图 6-6　冻胀率预估结果对比

由图6-6可知:

(1)5号、6号和10号试验的预估冻胀率小于实测冻胀率,7号、8号和9号试的预估冻胀率大于实测冻胀率。参考表3-3可知,上述两组不同预测趋势对应的试验差别是压实度:5号、6号和10号试验对应的土体初始压实度分别为92%、92%和98%,7号、8号和9号试验对应的土体初始压实度均为86%。这说明压实度较高时,数值模型的预估冻胀率偏小,压实度较小时,数值模型的预估冻胀率偏大。

(2)不同试验条件下冻胀率的预估结果与实测结果的偏差不超过3%。土体的原位冻胀率等于初始孔隙率乘以9%,等于3%~5%。这说明,冻胀率预估结果的偏差与原位冻胀率相近,可忽略不计。同时,采用估计值标准误差对结果进行检验,根据式(5-27)计算得到估计值的标准误差为5.76%。因此,数值模型对土体冻胀率的预估是可靠的,该模型可用于预估和评价土体的冻胀敏感性。

6.4 本章小结

本章基于温-湿耦合效应,建立了饱和粉质黏土冻结过程的数值模型,并通过与室内冻胀试验对该模型的可靠性进行了验证。首先,分别建立了考虑相变的非稳态温度场控制方程、水分迁移控制方程和应力应变控制方程。然后,借助有限元分析平台,对单向冻结条件下饱和粉质黏土的冻结过程进行数值建模。最后,对不同试验条件下饱和粉质黏土的冻结过程进行数值分析,对比预估结果和实测结果,评价和验证了数值模型的可靠性。

(1)基于数值分析的正冻土温-湿耦合模型可以预估土体冻结过程中的温度分布特征和冻胀发展规律。该模型基于多孔介质传热理论、孔隙水渗流理论和材料的应力应变关系,通过耦合含相变的非稳态温度控制方程、水分迁移控制方程和应力应变关系式,实现了对正冻土传热、渗流和变形问题的模拟。

(2)正冻土温-湿耦合模型对温度场的预估结果较准确。通过比对不同试验条件下,不同层位的材料温度、温度梯度及冻结速率的预估结果和实测结果,验证了该模型对温度场计算结果的可靠性。结果表明,冻结稳定阶段的温度场预估结果与实测结果完全吻合,冻胀发展阶段的温度场预估结果与实测结果略有偏差。

(3)正冻土温-湿耦合模型对最大冻胀变形和冻胀率的预估结果较准确,对冻胀速率的预估略有不足。通过比对不同试验条件下冻胀变形随时间的发展情况以及达到冻结稳定状态时的冻胀率,验证了该模型对冻胀特性计算结果的可靠性。结果表明,最大冻胀变形和稳态冻胀率的预估结果与实测结果基本吻合,预估精度较高;冻胀发展阶段冻胀速率的预估结果与实测结果略有偏差。

第7章 结论与展望

7.1 结论

本书针对季节性冻土地区广泛存在且严重威胁路基稳定性和耐久性的冻胀问题，着眼于季节性冻土路基冻胀发展规律和冻胀预估两大问题，通过开展现场调查和室内试验研究，结合理论分析与数值模拟方法，阐述了路基冻胀对路面的危害及其影响因素，研究了冻胀变形的发展规律、影响因素及内在机理，建立了正冻土冻胀预估模型。具体的研究成果可以归结为以下5个方面。

(1) 基于季节性冻土地区道路冻害的现场调查，分析了路基冻胀对路面的危害及其对道路稳定性和耐久性的影响，阐明了路基冻胀的影响因素。

①在季节性冻土地区，路基的冻胀和路面的冻害问题极为突出；冻胀、开裂以及融沉等病害广泛存在于挖方、低填方及半填半挖路段；路基的填挖高度和地下水位直接影响路基冻胀病害的分布。

②路基冻胀的发生直接导致路面平整度的下降和路面整体性的破坏，影响路面抗滑能力和行车舒适性，降低路面的承载能力，加剧地表水的积聚和渗入，改变路面的应力状态，缩短路面使用寿命，危害道路的稳定性和耐久性。

③路基冻胀变形的发展与环境荷载和土体参数直接相关。其中，温度荷载和水分补给是路基冻胀的必要条件，土质类型、细粒含量、压实度、上覆压力以及路面材料和结构厚度等参数是影响冻胀发展的关键因素。

(2) 自主设计并研发了室内土体冻胀试验系统，该系统实现了温度荷载、上覆压力和补水条件的精确控制，试验条件可线性调节。

①基于季节性冻土冻胀过程的基本特征，在充分考虑受力状态、温度荷载和补水条件对温度分布和冻胀发展影响的基础上，自主设计并研发了室内土体冻胀试验系统。该系统可用于实时监测多孔材料在任意冻结、融化及冻融循环作用下的温度分布、竖向压力和竖向变形，功能完备、操作简单、性能稳定。

②以哈尔滨粉质黏土为例，初步开展了不同冷端温度作用下的土体冻胀试验，通过对试验现象的观测和试验结果的分析，验证了室内土体冻胀试验系统的有效性和可靠性，结果表明各项测试参数均达到预期目标。

第7章 结论与展望

（3）基于试验控制及正交试验设计,开展了系统的饱和粉质黏土冻胀试验研究,得到了正冻土的温度分布特征、水分重分布规律以及冻胀发展规律。

①不同试验条件下温度、冻结锋面的和冻结深度随时间的变化趋势相同,而降温过程中的温度梯度、冻结锋面的移动速度、冻结深度的增长速度和达到稳定状态的时间不同。冷端温度对温度分布的影响最显著,压实度和补水条件的影响次之,上覆压力的影响较小。

②土体冻结过程中在温度和应力作用下会发生不同程度的水分迁移,土体冻后含水率沿深度方向表现出不同程度的水分重分布;冻结锋面附近的冻结缘内存在水分积聚层。冷端温度越低,水分重分布现象越明显。压实度越小,迁移水在冻结缘内的积聚越显著。上覆压力越小,水分沿深度的变化差异越大。

③不同试验条件下冻胀变形随时间的变化趋势相同,而冻胀变形的增长速率、最大冻胀变形和达到最大冻胀变形所需时间不同。水分补给越充分,冻胀率越大,土体冻胀敏感性越显著。压实度越大,土体的冻胀率越低。冷端温度越低,土体的冻胀率越小,冻胀敏感性越不明显。上覆压力对冻胀的发展起抑制作用。

（4）基于室内试验研究,分析了土体冻胀特性随水-温分布的变化规律,推导了瞬时冻胀特性与瞬时温度梯度的关系式,建立了稳态冻胀率经验预估模型。

①饱和正冻土冻结深度和冻胀变形的发展与土体内的温度状态直接相关,冻结锋面以上部分土体的温度梯度可以准确表征土体内的温度分布。因此,土体的冻结速率、冻胀速率和冻胀率与温度梯度之间存在内在关系。

②土体冻结过程中的瞬时冻结速率和瞬时冻胀速率与冻结缘内的瞬时温度梯度成对数关系,在已知土体试件的初始压实度和冻胀试验条件的基础上,根据试验过程中冻结缘内的温度梯度即可求得对应的冻结速率和冻胀速率。

③土体冻结过程中的瞬时冻胀率与冻结缘内的瞬时温度梯度成指数关系,在已知土体压实度和冻胀试验条件的基础上,根据试验过程中冻结缘内的温度梯度即可求得对应的冻胀率。

④基于瞬时冻结速率与瞬时温度梯度的回归关系,用温度梯度替换冻结速率对冻胀率的影响,并引入冷端温度和压实度修正 Takashi 模型,建立了饱和粉质黏土冻胀率预估模型;并基于冻胀试验结果,验证了该模型的准确性和可靠性。

（5）基于温-湿耦合效应和数值分析方法,建立了可以准确预估土体冻结过程中的温度分布、最大冻胀变形和冻胀率的正冻土温-湿耦合模型。

①基于数值分析的正冻土温-湿耦合模型可以预估土体冻结过程中的温度

分布特征和冻胀发展规律。该模型基于多孔介质传热理论、孔隙水渗流理论和材料的应力应变关系,通过耦合含相变的非稳态温度控制方程、水分迁移控制方程和应力应变关系式,实现了对正冻土的传热、渗流和变形问题的模拟。

②正冻土温-湿耦合模型对温度场的预估结果较准确。通过比对不同试验条件下,不同层位的材料温度、温度梯度及冻结速率的预估结果和实测结果,验证了该模型对温度场计算结果的可靠性。结果表明,冻结稳定阶段的温度场预估结果与实测结果完全吻合,冻胀发展阶段的温度场预估结果与实测结果略有偏差。

③正冻土温-湿耦合模型对最大冻胀变形和冻胀率的预估结果较准确,对冻胀速率的预估略有不足。通过比对不同试验条件下冻胀变形随时间的发展情况以及达到冻结稳定状态时的冻胀率,验证了该模型对冻胀特性计算结果的可靠性。结果表明,最大冻胀变形和稳态冻胀率的预估结果与实测结果基本吻合,预估精度较高;冻胀发展阶段冻胀速率的预估结果与实测结果略有偏差。

7.2 创新点

(1) 自主设计研发了多功能土体冻融试验系统。该系统综合考虑了应力状态、温度荷载和补水条件对土体冻结的影响,改进了试验系统的控温能力、密封效果和补水装置,提供了多种冻结/融化试验工况,实现了温度、压力和补水的程序化控制以及温度、压力和变形的动态监测。

(2) 发现了单向冻结条件下饱和粉质黏土的冻胀机制。基于试验结果揭示了温度分布、冻结厚度、冻胀变形和水分重分布随冻结作用的发展规律,阐明了瞬时冻结速率、冻胀速率和冻胀率与温度梯度的内在关系,分析了温度荷载、水分补给、上覆压力和压实度对温度分布、冻胀特性及水分重分布的影响。

(3) 建立了适用于季节性冻土地区饱和粉质黏土的冻胀率经验模型,以及考虑温-湿耦合效应的正冻胀预估模型。冻胀率经验模型考虑了温度梯度、冷端温度和压实度对土体冻胀敏感性的影响;数值模型考虑了相变作用对温度分布的影响;预估模型实现了单向冻结条件下饱和路基粉质黏土冻胀的准确预估。

7.3 展望

(1) 复杂温度作用下饱和粉质黏土冻胀发展规律的研究。土体在反复降温-升温模式下的冻胀发展规律与路基土实际工作状态下的温度作用方式更为接近。因此,有必要开展复杂温度作用下饱和粉质黏土的冻胀试验研究。

(2) 土体冻结过程中水分迁移追踪技术及监测方法的研究。正冻土内的水分运动规律是揭示冰透镜分凝和冻胀发展机理的关键,因此,有必要探索和发现新的技术手段,用以观测土体冻结过程中的水分迁移现象。

(3)正冻饱和土渗透系数发展规律及预估模型的研究。在前人研究成果的基础上,通过正冻土温-湿耦合模型的建立和验证,发现 Gilpin 提出的渗透系数计算式存在不足。因此,有必要对正冻饱和土渗透系数的预估做更深入的研究。

(4)非饱和土冻胀发展规律及冻胀机理的研究。本书研究了饱和土的冻胀发展规律和冻胀机理,然而在实际工程中,非饱和路基土也存在冻胀的可能。因此,有必要开展开放体系下非饱和土的冻胀试验研究和冻胀机理分析。

参 考 文 献

[1] 徐学祖,王家澄,张立新,等.冻土物理学[M].北京:科学出版社,2001.

[2] 王晓春,张倬元.寒区工程与冻融力学[J].地学前缘,2000,7(S2):99-104.

[3] Andersland O B, Ladanyi B. Frozen Ground Engineering[M]. New York: John Wiley & Sons, 2004.

[4] Yuanming Lai, Luxin Zhang, Shujuan Zhang, et al. Cooling Effect of Ripped-stone Embankments of Qinghai-Tibet under Climate Warming[J]. Chinese Science Bulletin, 2003, 48(6): 598-604.

[5] 张彧.水热作用下寒区氯盐渍土力学行为与路基稳定性研究[D].北京:北京交通大学,2013.

[6] 张旭芝.高原多年冻土涵洞温度场及地基土冻融变形规律研究[D].长沙:中南大学,2007.

[7] Jilin Qi, Wei Ma, Chunxia Song. Influence of Freeze-thaw on Engineering Properties of a Silty Soil[J]. Cold Regions Science and Technology, 2008, 53(3): 397-404.

[8] Huang S L, Bray M T, Akagawa S, et al. Field Investigation of Soil Heave by a Large Diameter Chilled Gas Pipeline Experiment, Fairbanks, Alaska[J]. Journal of Cold Regions Engineering, 2004, 18(1): 2-34.

[9] Weizhong Chen, Xianjun Tan, Hongdan Yu, et al. A Fully Coupled Thermo-Hydro-Mechanical Model for Unsaturated Porous Media[J]. Journal of Rock Mechanics and Geotechnical Engineering, 2009, 1(1): 31-40.

[10] Evans G, Truebe M, Hanek G. Monitoring Report of Frost Heave on Warm Lake Road[J]. Transportation Research Record: Journal of the Transportation Research Board, 2011(2204): 251-257.

[11] 张锋.深季节冻土区重载汽车荷载下路基动力响应与永久变形[D].哈尔滨:哈尔滨工业大学,2012.

[12] 汪双杰.高原多年冻土区公路路基稳定及预测技术研究[D].南京:东南大学,2005.

[13] 李向群.吉林省公路冻害原因分析及处理方法研究[D].长春:吉林大学,2006.

[14] 郏文山.道路路基工程[M].哈尔滨:哈尔滨工业大学出版社,1990.

[15] 李甲林.渠道衬砌冻胀破坏力学模型及防冻胀结构研究[D].咸阳:西北农林科技大学,2009.

[16] 杨让宏.运营期青藏铁路多年冻土区斜坡路堤稳定性分析与评价研究[D].北京:中国铁道科学研究院,2010.

[17] 李学军.季节性冻融渠基土壤水分运移特性及大型弧线形渠道防渗抗冻胀理论与技术研究[D].西安:西安理工大学,2008.

[18] Groenevelt P H,Grant C D. Heave and Heaving Pressure in Freezing Soils:A Unifying Theory[J]. Vadose Zone Journal,2013,12(1):100-111.

[19] 王立娜.青藏铁路多年冻土区列车行驶路基振动反应与累积永久变形[D].哈尔滨:哈尔滨工业大学,2013.

[20] 陈士军.青藏线含融化夹层和地下冰冻土路基列车行驶振动响应[D].哈尔滨:哈尔滨工业大学,2013.

[21] American Society for Testing and Materials. ASTM D5918-13 Standard Test Methods for Frost Heave and Thaw Weakening Susceptibility of Soils[S]. West Conshohocken:ASTM International,2013:1-13.

[22] Transports QUEBEC. LC 22-331 Determination of Segregation Potential of Soils [S]. Quebec:Transports QUEBEC,2012:1-14.

[23] Lee M Y,Fossum A,Costin L S,et al. Frozen Soil Material Testing and Constitutive Modeling [J]. Sandia Report,SAND,2002,524:8-65.

[24] The Japanese Geotechnical Society. JGS 0172-2003 Test Method for Frost Heave Prediction of Soils[S]. Tokyo:Japanese Geotechnical Journal,2003:45-50.

[25] Государственный Комитет Российской Федерации. СССР № 746033 Прибордля Определения Деформаций и Сил Морозного Пучения Грунта[S]. Москва:Система Нормативных Документов в Строительстве,1999:31-36.

[26] 中华人民共和国行业标准.人工冻土物理力学性能试验 第2部分:土壤冻胀试验方法:MT/T 593.2—1996[S].北京:煤炭工业出版社,1996.

[27] 中华人民共和国国家标准.土工试验方法标准[S]:GB/T 50123—1999.北京:中国计划出版社,1999.

[28] 陈立宏,彭文,孙洪月,等.双室冻土体积冻胀率测定仪[P].北京:CN103487 564A,2014-01-01.

[29] 陈志国,王晓珂,陈东丰,等.土质冻胀率测定仪[P].吉林:CN2872354,2007-02-21.

[30] 唐益群,严婧婧,万鹏,等.一种量测人工冻融土冻胀力与冻胀量的试验装置[P].上海:CN104316671A,2015-01-28.

[31] Lay R D. Development of a Frost Heave Test Apparatus[J]. Brigham Young University Master of Science dissertation,2005:63-64.

[32] Spencer Guthrie W, Hermansson A. Frost Heave and Water Uptake Relations in Variably Saturated Aggregate Base Materials[J]. Transportation Research Record:Journal of the Transportation Research Board,2003,1821(1):13-19.

[33] Hermansson A. Laboratory and Field Testing on Rate of Frost Heave Versus Heat Extraction[J]. Cold Regions Science and Technology,2004,38(2):137-151.

[34] Hermansson A,Guthrie W S. Frost Heave and Water Uptake Rates in Silty Soil Subject to Variable Water Table Height During Freezing[J]. Cold Regions Science and Technology,2005,43(3):128-139.

[35] 汪双杰,黄晓明,侯曙光.多年冻土区路基路面变形及应力的数值分析[J].冰川冻土,2006,28(2):217-222.

[36] 于琳琳.不同人工冻结条件下土的冻胀试验研究[D].哈尔滨:哈尔滨工业大学,2006.

[37] Darrow M M, Huang S L, Shur Y, et al. Improvements in Frost Heave Laboratory Testing of Fine-grained Soils[J]. Journal of Cold Regions Engineering,2008,22(3):65-78.

[38] 刘兵.土中水分在冻融过程中的迁移[D].哈尔滨:哈尔滨工业大学,2008.

[39] Zou Y Z,Boley C. Compressibility of Fine-Grained Soils Subjected to Closed-System Freezing and Thaw Consolidation[J]. Mining Science and Technology (China),2009,19(5):631-635.

[40] Hui Bing,Ping He. Frost Heave and Dry Density Changes During Cyclic Freeze-Thaw of a Silty Clay[J]. Permafrost and Periglacial Processes,2009,20(1):65-70.

[41] 田亚护,刘建坤,彭丽云.动静荷载作用下细粒土的冻胀特性实验研究[J].岩土工程学报,2010,32(12):1882-1887.

[42] 吴礼舟,许强,黄润秋.非饱和黏土的冻胀融沉过程分析[J].岩土力学,2011,32(4):1025-1028.

[43] 周金生,周国庆,张琦,等.图像处理技术在分凝冰演化规律研究中的应用[J].岩土工程学报,2011,33(1):123-127.

[44] 胡坤,周国庆,李晓俊,等.不同约束条件下土体冻胀规律[J].煤炭学报,2011,36(10):1653-1658.

[45] 韩春鹏.石灰处治土路基冻融作用特性研究[D].哈尔滨:东北林业大学,2011:63-68.

[46] Yang Zhou,Guoqing Zhou. Intermittent Freezing Mode to Reduce Frost Heave in Freezing Soils-Experiments and Mechanism Analysis[J]. Canadian Geotechnical Journal,2012,49(6):686-693.

[47] Azmatch T F,Sego D C,Arenson L U,et al. New Ice Lens Initiation Condition for Frost Heave in Fine-grained Soils [J]. Cold Regions Science and Technology,2012,82:8-13.

[48] 严晗,王天亮,刘建坤.粉砂土反复冻胀融沉特性试验研究[J].岩土力学,2013,34(11):3159-3165.

[49] Jiazuo Zhou,Changfu Wei,Houzhen Wei,et al. Experimental and Theoretical Characterization of Frost Heave and Ice Lenses[J]. Cold Regions Science and Technology,2014,104:76-87.

[50] Tianliang Wang,Zurun Yue,Chao Ma,et al. An Experimental Study on the Frost Heave Properties of Coarse Grained Soils[J]. Transportation Geotechnics,2014,1(3):137-144.

[51] Yuanming Lai,Wansheng Pei,Mingyi Zhang ,et al. Study on Theory Model of Hydro-Thermal-Mechanical Interaction Process in Saturated Freezing Silty Soil [J]. International Journal of Heat and Mass Transfer,2014,78:805-819.

[52] Daoyong Wu,Yuanming Lai,Mingyi Zhang. Heat and Mass Transfer Effects of Ice Growth Mechanisms in a Fully Saturated Soil[J]. International Journal of Heat and Mass Transfer,2015,86:699-709.

[53] 袁俊平,李康波,何建新,等.基于孔隙分布模型的垫层料冻胀变形规律探讨[J].岩土力学,2014,35(8):2179-2183,2190.

[54] Kubiena W L. Micropedology[M]. Iowa:Collegiate Press,1938:67-75.

[55] 凌建明,孙钧.脆性岩石的细观裂纹损伤及其时效特征[J].岩石力学与工程学报,1993,12(4):304-312.

[56] 赵安平.季冻区路基土冻胀的微观机理研究[D].长春:吉林大学,2008:111-114.

[57] 李杰林,周科平,张亚民,等.基于核磁共振技术的岩石孔隙结构冻融损伤试验研究[J].岩石力学与工程学报,2012,31(6):1208-1214.

[58] 刘慧.基于CT图像处理的冻结岩石细观结构及损伤力学特性研究[D].西安:西安科技大学,2013:54-57.

[59] 蔡承政,李根生,黄中伟,等.液氮冻结条件下岩石孔隙结构损伤试验研究[J].岩土力学,2014,35(4):965-971.

[60] Peppin S S L, Style R W. The Physics of Frost Heave and Ice-Lens Growth [J]. Vadose Zone Journal, 2013, 12(1):1539-1663.

[61] Henry K S. A Review of the Thermodynamics of Frost Heave[R]. Belvoir: Engineer Research and Development Center Hanovernh Cold Regions Research and Engineering Lab, 2000:77-87.

[62] Henry K S, Zhu M, Michalowski R L. Evaluation of Three Frost Heave Models [C]. // Proceedings of 7th International Conference on the Bearing Capacity of Roads, Railways and Airfields (BCRA'05), 2005:27-29.

[63] Takagi S. The Adsorption Force Theory of Frost Heaving [J]. Cold Regions Science and Technology, 1980, 3(1):57-81.

[64] Gilpin R. A Model for the Prediction of Ice Lensing and Frost Heave in Soils [J]. Water Resources Research, 1980, 16(5):918-930.

[65] Konrad J, Morgenstern N R. A Mechanistic Theory of Ice Lens Formation in Fine-Grained Soils[J]. Canadian Geotechnical Journal, 1980, 17(4):473-486.

[66] Konrad J M, Morgenstern N R. The Segregation Potential of a Freezing Soil [J]. Canadian Geotechnical Journal, 1981, 18(4):482-491.

[67] Konrad J M, Morgenstern N R. Prediction of Frost Heave in the Laboratory during Transient Freezing [J]. Canadian Geotechnical Journal, 1982, 19(3):250-259.

[68] O'neill K, Miller R D. Exploration of a Rigid Ice Model of Frost Heave[J]. Water Resources Research, 1985, 21(3):281-296.

[69] Neaupane K M, Yamabe T, Yoshinaka R. Simulation of a Fully Coupled Thermo-Hydro-Mechanical System in Freezing and Thawing Rock[J]. International Journal of Rock Mechanics and Mining Sciences, 1999, 36(5):563-580.

[70] Neaupane K M, Yamabe T. A Fully Coupled Thermo-Hydro-Mechanical Nonlinear Model for a Frozen Medium[J]. Computers&Geotechnics, 2001, 28(8):613-637.

[71] Rempel A W, Wettlaufer J S, Worster M G. Interfacial Premelting and the Thermomolecular Force: Thermodynamic Buoyancy [J]. Physical Review Letters,

2001,87(8):87-93.

[72] Rempel A W,Wettlaufer J S,Worster M G. Premelting Dynamics in a Continuum Model of Frost Heave[J]. Journal of Fluid Mech,2004,498:227-244.

[73] 曹宏章.饱和颗粒土冻结过程中的多场耦合研究[D].北京:中科院工程热物理研究所,2006.

[74] 于基宁,谭峰屹,付伟.饱和正冻土冻结过程的冻胀变形分析[J].岩土力学,2006,27(增):203-206.

[75] 陈志国,王哲人.季节性冻土地区公路路面抗冻设计方法[J].中国公路学报,2009,22(5):34-40.

[76] Bronfenbrener L. The Modelling of the Freezing Process in Fine-Grained Porous Media:Application to the Frost Heave Estimation[J]. Cold Regions Science & Technology,2009,56:120-134.

[77] Bronfenbrener L,Bronfenbrener R. Modeling Frost Heave in Freezing Soils [J]. Cold Regions Science and Technology,2010,61(1):43-64.

[78] Bronfenbrener L,Bronfenbrener R. Frost Heave and Phase Front Instability in Freezing Soils [J]. Cold Regions Science and Technology, 2010, 64 (1):19-38.

[79] Missoum H,Laredj N,Bendani K,et al. A Fully-Coupled Thermo-Hydro-Mechanical Model for the Description of the Behavior of Swelling Porous Media [J]. Acta Polytechnica Hungarica,2011,8(4):91-106.

[80] 王文华.吉林省西部地区盐渍土水分迁移及冻胀特性研究[D].长春:吉林大学,2011:96-100.

[81] Azmatch T F,Sego D C,Arenson L U,et al. New Ice Lens Initiation Condition for Frost Heave in Fine-Grained Soils[J]. Cold Regions Science and Technology, 2012,82:8-13.

[82] Groenevelt P H,Grant C D. Heave and Heaving Pressure in Freezing Soils:A Unifying Theory[J]. Vadose Zone Journal,2013,12(1):51-62.

[83] Daichao Sheng,Sheng Zhang,Zhiwu Yu,et al. Assessing Frost Susceptibility of Soils using PC Heave[J]. Cold Regions Science & Technology,2013,95(11):27-38.

[84] Zhou M M,Meschke G. A Three-Phase Thermo-Hydro-Mechanical Finite Element Model for Freezing Soils[J]. International Journal for Numerical & Analytical Methods in Geomechanics,2013,37(18):3173-3193.

[85] Harlan R. Analysis of Coupled Heat fluid Transport in Partially Frozen Soil

[J]. Water Resources Research,1973,9(5):1314-1323.

[86] 邴文山.公路路面防冻层设计理论的探讨[J].冰川冻土,1984,9(03):69-76.

[87] 邴文山.热稳流理论在道路冻深计算中的应用[J].中国公路学报,1992,5(01):8-13+28.

[88] Rutqvist J,Borgesson L,Chijimatsu M,et al. Thermo-Hydro-Mechanics of Partially Saturated Geological Media:Governing Equations and Formulation of Four Finite Element Models[J]. International Journal of Rock Mechanics & Mining Sciences,2001,38(1):105-127.

[89] Rutqvist J,Borgesson L,Chijimatsu M,et al. Coupled Thermo-Hydro-Mechanical Analysis of a Heater Test in Fractured Rock and Bentonite at Kamaishi Mine-Comparison of Field Results to Predictions of Four Finite Element Codes[J]. International Journal of Rock Mechanics and Mining Sciences,2001,38(1):129-142.

[90] 毛雪松.多年冻土地区路基水热力场耦合效应研究[D].西安:长安大学,2004.

[91] 毛雪松,李宁,王秉纲,等.多年冻土路基水-热-力耦合理论模型及数值模拟[J].长安大学学报(自然科学版),2006,26(4):16-19.

[92] 李宁,徐彬,陈飞熊.冻土路基温度场、变形场和应力场的耦合分析[J].中国公路学报,2006,19(3):1-7.

[93] Ning Li,Bo Chen,Feixiong Chen,et al. The Coupled Heat-Moisture-Mechanic Model of the Frozen Soil[J]. Cold Regions Science&Technology,2000,31(3):199-205.

[94] Exadaktylos G E. Freezing-Thawing Model for Soils and Rocks[J]. Journal of Materials in Civil Engineering,2006,18(2):241-249.

[95] Seetharam S,Thomas H,Cleall P. Coupled Thermo-Hydro-Chemical-Mechanical Model for Unsaturated Soils-Numerical Algorithm[J]. International Journal for Numerical Methods in Engineering,2007,70(12):1480-1511.

[96] 毛雪松,李宁,王秉纲,等.考虑相变作用的冻土路基应力与变形分析模型[J].交通运输工程学报,2007,7(1):58-62.

[97] 韩天一.正冻土水热力耦合的数值机理研究[D].兰州:兰州大学,2008:28-33.

[98] 武建军,韩天一.饱和正冻土水-热-力耦合作用的数值研究[J].工程力学,

2009,(4):246-251.

[99] Shoop S,Affleck R,Haehnel R,et al. Mechanical Behavior Modeling of Thaw-Weakened Soil[J]. Cold Regions Science&Technology,2008,52:191-206.

[100] Nishimura S,Gens A,Olivella S,et al. THM-Coupled Finite Element Analysis of Frozen Soil:Formulation and Application[J]. Geotechnique,2009,59(3):159-171.

[101] 周扬. 冻土冻胀理论模型及冻胀控制研究[D]. 北京:中国矿业大学,2009.

[102] 周扬,周国庆,王义江. 饱和土水热耦合分离冰冻胀模型研究[J]. 岩土工程学报,2010,(11):1746-1751.

[103] Thomas H R,Cleall P,Li Y,et al. Modelling of Cryogenic Processes in Permafrost and Seasonally Frozen Soils[J]. Geotechnique,2009,59(3):173-184.

[104] Seetharam S C,Thomas H R,Cleall P J. Coupled Thermo-Hydro-Chemical-Mechanical Model for Unsaturated Soils-Numerical Algorithm[J]. International Journal for Numerical Methods in Engineering,2007,70(12):1480-1511.

[105] Thomas H R,Yang H T,He Y,et al. A Multi-Level Parallelized Substructuring-Frontal Solution for Coupled Thermo-Hydro-Mechanical Problems in Unsaturated Soil[J]. International Journal for Numerical and Analytical Methods in Geomechanics,2003,27(11):951-965.

[106] Bing Qin,Zhenghan Chen,Zhendong Fang ,et al. Analysis of Coupled Thermo- Hydro-Mechanical Behavior of Unsaturated Soils based on Theory of Mixtures I[J]. Applied Mathematics and Mechanics,2010,31:1561-1576.

[107] Dumont M,Taibi S,Fleureau J M,et al. A Thermo-Hydro-Mechanical Model for Unsaturated Soils based on the Effective Stress Concept[J]. International Journal for Numerical and Analytical Methods in Geomechanics, 2011, 35(12):1299-1317.

[108] 胡坤. 冻土水热耦合分离冰冻胀模型的发展[D]. 北京:中国矿业大学,2011.

[109] Jiazuo Zhou ,Dongqing Li. Numerical Analysis of Coupled Water Heat and Stress in Saturated Freezing Soil[J]. Cold Regions Science and Technology,2012,72:43-49.

[110] Yunqi Tao,Jiang Xu,Dong Liu,et al. Development and Validation of THM Coupling Model of Methane-Containing Coal[J]. International Journal of Min-

ing Science and Technology,2012,22(6):879-883.

[111] 李东庆,周家作,张坤,等. 季节性冻土的水-热-力建模与数值分析[J]. 中国公路学报,2012,25(1):1-7.

[112] Yongshui Kang, Quansheng Liu, Shibing Huang. A Fully Coupled Thermo-Hydro-Mechanical Model for Rock Mass under Freezing-Thawing Condition[J]. Cold Regions Science and Technology,2013,95:19-26.

[113] Zheng H, Kanie S. Combined Thermal-Hydraulic-Mechanical Frost Heave Model Based on Takashi's Equation[J]. Journal of Cold Regions Engineering,2014:99-103.

[114] Kanie S, Zheng H, Makimura M, et al. A Practical Method for Three-Dimensional Frost Heave Simulation based on Takashi's Equation[J]. Cold Regions Enginee- ring,2012:21-25.

[115] Zhang Y, Michalowski R L. Multiphysical Modeling and Numerical Simulation of Frost Heave and Thaw Settlement[C]//Geo-Congress 2014 Technical Papers. Geo-characterization and Modeling for Sustainability, ASCE,2735-2744.

[116] Yao Zhang. Thermal-Hydro-Mechanical Model for Freezing and Thawing of Soils[D]. Michigan:Doctoral Dissertation of University of Michigan,2014:72-75.

[117] Zhang Y, Michalowski R L. Thermal-Hydro-Mechanical Modeling of Frost Action in Frost-Susceptible Soils[C]//Soil Behavior and Geomechanics, ASCE,735-744.

[118] Michalowski R L, Zhu M. Frost Heave Modelling using Porosity Rate Function[J]. International Journal for Numerical and Analytical Methods in Geomechanics,2006,30(8):703-722.

[119] Zhu M, Michalowski R L. A Numerical Approach to Simulate Soil Freezing and Frost Heave Behind Earth Retaining Structure[J]. Computing in Civil Engineering,2013:307-314.

[120] Kim K. Multi-Dimensional Frost Heave Modeling with SP Porosity Growth Function[M]. Fairbanks:University of Alaska Fairbanks,2011.

[121] 李东庆,周家作,张坤,等. 季节性冻土的水-热-力建模与数值分析[J]. 中国公路学报,2012,25(1):1-7.

[122] Horguchi K, Miller R D. Hydraulic Conductivity Functions of Frozen Materials[C]//Proceedings of 4th International Conference on Permafrost, Washing-

ton,D. C. ,USA:National Academy Press,1984:504-508.

[123] Watanabe K,Flury M. Capillary Bundle Model of Hydraulic Conductivity for Frozen Soil[J]. Water Resources Research,2008,44(12):W12402.

[124] 许君臣.高速公路路基路面病害防治对策研究与PMS系统的建立[D].长春:吉林大学,2010.

[125] 苑剑光.沥青路面热再生技术在吉林省高速公路上的应用研究[D].长春:吉林大学,2009.

[126] 汪滨滨.吉林省路基土冻胀病害调查与分析[D].哈尔滨:哈尔滨工业大学,2012.

[127] 许研.长春—吉林高速公路交通量预测分析[D].长春:吉林大学,2007.

[128] 马宏岩,王东升,冯德成,等.沥青混合料集料变异性对路面低温开裂的影响[J].建筑材料学报,2016,6:71-79.

[129] 中华人民共和国行业标准.公路沥青路面设计规范:JTG D50—2017[S].北京:人民交通出版社股份有限公司,2017.

[130] Hong Yan Ma,Feng Zhang,Decheng Feng,et al. Determination of allowable subgrade frost heave with the pavement roughness index in numerical analysis [J]. Sciences in Cold and Arid Regions,2015,7(5):032-039.

[131] 王书娟,陈志国,秦卫军,等.季节性冰冻地区路基冻胀机理分析[J].公路交通科技,2012,07:20-24+44.

[132] 郭子艳,李东成,陈巍.季冻区半填半挖路基纵向开裂病害原因浅析[J].吉林交通科技,2013,04:17-19.

[133] 张熙颖.基于全寿命周期的季冻区典型路面结构研究[D].长春:吉林大学,2013.

[134] 辛得刚,陈志国,曹春梅.高速公路低填及挖方段路面纵向开裂原因分析[C]//中国公路学会第二届全国公路科技创新高层论坛.中国公路学会,2004:5-10.

[135] 汪滨滨.吉林省路基土冻胀病害调查与分析[D].哈尔滨:哈尔滨工业大学,2012:11-15,43-47.

[136] 李永强.青藏铁路运营期多年冻土区路基工程状态研究[D].兰州:兰州大学,2008:100-103.

[137] 马宏岩.AASHTO沥青路面低温开裂预估模型的验证与改进[D].哈尔滨:哈尔滨工业大学,2011:31-32,35-39.

[138] 王天亮,岳祖润.细粒含量对粗粒土冻胀特性影响的试验研究[J].岩土

力学,2013,02:359-364+388.

[139] Thomas H R,Cleall P,Li Y C,et al. Modelling of Cryogenic Processes in Permafrost and Seasonally Frozen Soils[J]. Geotechnique, 2009, 59(3): 173-184.

[140] Nicolsky D J,Romanovsky V E,Panteleev G G. Estimation of Soil Thermal Properties using In-Situ Temperature Measurements in the Active Layer and Permafrost[J]. Cold Regions Science and Technology,2009,55(1):120-129.

[141] Hillel D. Introduction to Environmental Soil Physics[M]. Amsterdam,Netherlands:Elsevier,2004:67-71.

[142] 张中琼,吴青柏,温智,等.沥青路面冻土路基的水分积累过程分析[J].中国公路学报,2013,26(2):1-6.

[143] 原国红.季节冻土水分迁移的机理及数值模拟[D].长春:吉林大学,2006.

[144] 李萍,李同录,王阿丹,等.黄土中水分迁移规律现场试验研究[J].岩土力学,2013,(5):1331-1339.

[145] Style R W,Peppin S S L. The Kinetics of Ice-Lens Growth in Porous Media[J]. Journal of Fluid Mechanics,2012,692:482-498.

[146] 汪双杰,陈建兵.青藏高原多年冻土路基温度场公路空间效应的非线性分析[J].岩土工程学报,2008,30(10):1544-1549.

[147] 雒妞丽.路基湿度状况调查及排水试验研究[D].西安:长安大学,2011:25-28.

[148] Style R W,Peppin S S,Cocks A C,et al. Ice-Lens Formation and Geometrical Supercooling in Soils and Other Colloidal Materials[J]. Physical Review E, 2011,84(4):651-670.

[149] Peppin S S L,Style R W. The Physics of Frost Heave and Ice-Lens Growth[J]. Vadose Zone Journal,2013,12(1):35-46.

[150] 王文华.吉林省西部地区盐渍土水分迁移及冻胀特性研究[D].长春:吉林大学,2011.

[151] 谷宪明.季冻区道路冻胀翻浆机理及防治研究[D].长春:吉林大学,2007.

[152] 柳志军.压实方式影响路基湿度场演变规律数值试验研究[J].中南大学学报(自然科学版),2014,(4):1341-1346.

[153] 柳志军.西部干旱半干旱地区公路路基湿度场演变规律研究[D].北京:

中国矿业大学,2012:69-72.

[154] Nusier O K, Abu-hamdeh N H. Laboratory Techniques to Evaluate Thermal Conductivity for Some Soils[J]. Heat and Mass Transfer,2003,39:119-123.

[155] Kozlowski T. Soil Freezing Point as Obtained on Melting[J]. Cold Regions Science and Technology,2004,38:93-101.

[156] Takashi T,Ohrai T,Yamamoto H,et al. Upper Limit of Heaving Pressure Derived by Pore-Water Pressure Measurements of Partially Frozen Soil[J]. Engineering Geology,1981,18(1):245-257.

[157] Dongwei Li, Juhong Fan, Renhe Wang. Research on Visco-Elastic-Plastic Creep Model of Artificially Frozen Soil under High Confining Pressures[J]. Cold Regions Science and Technology,2011,65(2):219-225.

[158] Zhen Liu,Bin Zhang,Xiong Yu,et al. A New Freezing Method for Soil Water Characteristic Curve Measurement[C] // Transportation Research Board Annual Meeting,Washington,D. C. ,U. S. A. ,2012:2-10.

[159] Tice A R, Anderson D M, Banin A. The Prediction of Unfrozen Water Contents in Frozen Soils From Liquid Limit Determinations[C] // Symposium on Frost Action on Roads,Paris,1973,1.

[160] Abuel-Naga H M,Bergado D T,Bouazza A. Thermally Induced Volume Change and Excess Pore Water Pressure of Soft Bangkok Clay[J]. Engineering Geology,2007,89(1):144-154.

[161] Hansson K,Simunek J,Mizoguchi M,et al. Water Flow and Heat Transport in Frozen Soil: Numerical Solution and Freeze-Thaw Applications[J]. Vadose Zone Journal,2004,3:693-704.